과시적 소비
Conspicuous Consumption

소스타인 베블런

과시적 소비
Conspicuous Consumption

소스타인 베블런 지음
소슬기 옮김

유엑스 리뷰

차례

1. 유한계급 · 7

2. 과시적 여가: 상류층과 하인 · 40

3. 과시적 소비: 여성, 사치재, 감정 · 75

4. 취향 규범: 화초와 애완동물 · 104

5. 유한계급에 들어갈 권리 · 125

6. 원시 남성의 용맹함이 남긴 유산: 격투와 경기 · 131

7. 교육의 과시적 무용성 · 157

1
유한계급

　유한계급 제도institution of a leisure class가 가장 잘 발달한 모습은, 높은 단계에 도달한 야만 문화에서 찾아볼 수 있는데, 봉건사회 유럽이나 일본을 그 예로 들 수 있다. 이들 공동체들은 계급을 매우 엄격하게 구분하며, 계급마다 종사하는 직업이 따로 구분되어 있다는 점에서 경제적으로 중요한 계급 간 차이를 보인다. 상류계급은 관습상 생산직에 종사하지 않아도 되거나 종사할 수 없으며, 어느 정도 명예가 따라붙는 특정 직업을 할당받는다. 어느 봉건사회이든 가장 명예로운 직업은 전사이다. 그리고 대개 성직자는 전사 다음가는 직업이다. 해당 야만 사회가 특별히 호전적이지 않다면 성직자가 제일가는 직업이고 전사는 그다음일지도 모른다. 그러나 극소수의 예외를 제외하면 전사든 성직자든 상류계급은 생산직에 종사하지 않아도 된다는 원칙이 통용되며, 이러한 방식을 통해 상류계급은 자기 계급이 우월하다는 점을 경제적으로 표현한다. 인도의 브라만Brahman 계급은 상류계급이 생산 활동을 면제받는 적절한 사례다. 야만 문화가 발달한 공동체에서 이른바 유한계급leisure class은 상당히 많은 하위 계층으로 분화되며, 그 계층마다 종사하는 직업도 다르다. 전체 유한계급에는 귀족과 사제뿐 아니라 그들의 수행단도 있다. 이들 계급이 종사하는 직업은 저마다 다양하지만, 생산 활동을 안 한다는 경제적 특징만은 같다. 이처럼 생산 활동을 하지 않는 상류계급의 전용 직업으로는 대개 정부, 전쟁, 종교의식, 운동경기와 관련된 것들이 있다.

초기는 지났어도 비교적 이른 단계에 있는 야만 사회에서는 유한계급이 덜 분화된 모습을 보인다. 계급 간 경계뿐 아니라 유한계급이 종사하는 직업 간 경계도 그리 정교하거나 복잡하지 않다. 폴리네시아 제도Polynesian islands에 사는 대다수의 부족은 이 정도 발달 단계를 매우 잘 보여주는데, 다만 대형 사냥감이 없는 탓에, 사냥이 주민들의 생활에서 차지하는 위상은 일반적인 문화에서만큼 명예롭지는 않다. 북유럽 영웅 전설의 배경이 되는 시대에 아이슬란드에 살았던 공동체도 좋은 사례이다. 그렇다고 이런 공동체에서 계급과 각 계급에 해당하는 직업을 엄격하게 구분하지 않는 것은 아니다. 육체노동과 생산 활동 등 생계를 위해 일상적으로 하는 일과 직접 관련된 모든 일은 하류계급이 전담한다. 이 하류계급에는 노예를 비롯한 하인이 있으며 보통 여성 전부를 포함한다. 다만 귀족이 여러 계층으로 나뉜 경우, 계층이 높은 여성은 보통 생산 활동을 면제받거나 적어도 더 비천한 육체노동은 하지 않는다. 상류계급 남성은 모든 생산 활동을 하지 않아도 될 뿐 아니라, 규범이나 다름없는 관습에 의해 생산 활동을 하지 못하도록 금지당한다. 상류계급 남성이 할 수 있는 직업은 그 범위가 엄격하게 제한된다. 앞서 이야기했던 정부, 전쟁, 종교의식, 운동경기 분야가 여기에 해당한다. 상류계급 남성의 삶은 이 네 가지 활동 분야에 좌우되며, 공동체의 관습이나 상식에 의하면 왕이나 봉건영주 같은 최상류 계급의 남성은 오직 이런 종류의 활동만을 할 수 있다. 사실 제도가 잘 발달한 공동체에서는 운동경기마저도 최상류계급 구성원이 종사하기에 적합한지 의심한다. 유한계급 중 낮은 계층은 일부 다른 직업에도 종사할 수 있지만, 이마저도 유한계급이 일반적으로 종사하는 이런저런 직업에 부수적으로 딸린 것이다. 예를 들면, 무기와 전투 장비,

전투용 통나무배를 제작하고 관리하는 일, 말과 개, 매를 길들이고 단장시키는 일, 성물을 준비하는 일 등이 있다. 하류계급은 이렇게 덜 명예로운 일조차도 할 수 없는데, 다만 그 일이 명백하게 생산 활동으로 보이거나 유한계급이 일반적으로 하는 일과 동떨어졌다면 하류계급도 할 수 있다.

 이 전형적인 야만 문화에서 한 걸음 물러나서 더 낮은 단계의 야만 문화로 내려가면, 완전히 독립된 유한계급은 보이지 않는다. 그러나 이 낮은 단계 야만 문화는 어떤 관습과 동기, 상황을 바탕으로 유한계급제도가 등장했는지를 보여주며, 유한계급제도가 초기에 어떻게 성장하는지 보여준다. 세계 곳곳에서 수렵 생활을 하는 유목민 부족에서는 이렇게 분화하기 시작한 사회를 볼 수 있다. 가까운 사례로는 북미에서 수렵 생활을 하는 여러 부족을 꼽을 수 있다. 이들 부족에서 유한계급은 뚜렷하게 구분된다고 하기 어렵다. 역할이 나누어져 있으며, 그 역할에 따라 계급도 나누어져 있지만, '유한계급'이라는 명칭을 곧장 사용할 수 있을 만큼 상류계급이 노동에서 멀리 떨어져 있지는 않다. 부족이 이 정도 경제 수준에 도달하는 동안에는 남성과 여성의 일이 뚜렷하게 분리되는 경제적 분화가 나타나는데, 이런 분리는 부당하게 이루어진다. 대부분 이런 부족에서 규범이나 다름없는 관습 때문에 여성이 맡게 되는 일은 훗날 문화가 완전히 발달하면서 생산직이 된다. 남성은 이런 비천한 일을 하지 않아도 되며, 전쟁과 사냥, 운동경기, 종교의식을 담당한다. 이와 관련해서는 아주 전형적인 차별이 흔하게 나타난다.

야만 문화가 더 높은 단계에 접어들면서 노동자 계급과 유한계급이 분리될 때도 이런 노동분업이 일어난다. 직업의 다양화와 전문화가 진행되면서, 공동체는 생산직과 비생산직 사이에 경계선을 긋는다. 이른 단계 야만 문화에서 남성이 하던 일은 훗날 다양한 생산 활동으로 발전하지 않았다. 과거에 남성이 하던 일은 문화가 발달함에 따라 생산직을 제외한 직업, 즉 정치, 운동경기, 학문, 종교의식 관련 직업으로만 살아남았다. 유일하게 눈에 띄는 예외로는 일부 어업이 있으며, 무기와 장난감, 운동용품 제작처럼 생산 활동으로 분류하기에 미심쩍은 극소수의 특정 직업이 있다. 사실상 모든 생산직은 초기 야만 공동체가 여성에게 할당했던 일에서 파생되었다.

낮은 단계 야만 문화에서는 남성이 하는 일도 여성이 하는 일 만큼이나 공동체가 살아가는 데 필수적이다. 남성도 여성 못지않게 공동체에 식량과 생필품을 공급한다. 실제로 남성의 일은 '생산 활동' 같은 성격을 띠며, 고전 경제학자들도 사냥을 일종의 초기 생산 활동으로 분류한다. 하지만 여기에 관해 야만인은 다르게 생각한다. 야만인 남성이 보기에 자신은 노동자가 아니며, 이 점에 있어서 여성과 다른 부류에 속한다. 또 자신이 하는 일은 여성이 하는 허드렛일, 즉 노동이나 생산 활동과는 종류가 다르다고 생각하기 때문에 자기가 하는 일을 여성이 하는 일과 혼동하여 취급을 받는 것을 용납하지 않는다. 모든 야만 공동체에는 성별에 따라 하는 일이 다르다는 관념이 깊이 박혀있다. 설령 남성이 공동체를 유지하도록 돕는 일을 한다 하더라도, 그 일은 우수하고 효율적이며, 그 일을 깎아내릴 셈이 아니라면 여성의 보잘것없는 노력과는 비교조차 할 수 없다.

훨씬 더 아래 단계 문화를 향유하는 미개공동체에서는 직업을 덜 정교하게 구분하며, 계급과 그에 따른 직업을 부당하게 차별하는 일도 덜 일관되고 덜 철저하다. 원시 미개 문화를 명백하게 보여주는 사례는 발견하기 어렵다. '미개하다'고 분류할 수 있는 집단이나 공동체 중 더 발달한 문화에서 퇴행한 흔적이 없는 사례는 극소수이기 때문이다. 그러나 예외 사례로 보이는 일부 집단을 제외하면 원시 미개 문화로 퇴보한 흔적을 보여주는 집단은 존재한다. 미개 문화에는 야만 문화와는 달리 유한계급이 없으며, 유한계급제도가 자리 잡을 만한 의도나 사고방식도 없다. 이렇게 경제 계급에 위계를 두지 않는 원시 미개 공동체는 인류 중 눈에 잘 띄지 않을 정도로 적은 비중을 차지한다. 이런 문화 양상을 보여주는 좋은 사례로는 인도령 안다만 제도Andaman islands에 사는 여러 부족, 인도 남부 닐기리 구릉지대Nilgiri Hills에 사는 토다족Todas을 들 수 있다. 유럽인과 처음 만났을 당시 이 부족들은 전형적으로 유한계급이 없는 생활을 하던 것으로 보인다. 더 먼 예로는 일본 에조Yezo에 사는 아이누족Ainu을 들 수 있으며, 더 애매하긴 하지만 아프리카 남부에 사는 몇몇 수렵 부족과 여러 에스키모 부족Eskimo

도 그 예로 들 수 있다. 확실성이 조금 떨어지긴 하지만 몇몇 푸에블로족^{Pueblo} 공동체도 이 범주에 넣을 수 있다. 전부는 아니더라도 여기서 언급한 공동체 대부분은 더 높은 단계 야만 사회에서 퇴보한 것이지, 문화가 해당 수준에서 발달한 적 없이 그대로 머물러온 것이 아니다. 따라서 이 사례들은 현재 목표에 정확하게 부합하지는 않는데, 그렇더라도 진짜 "미개" 집단과 다름없이 증거의 역할을 할 것이다.

유한계급이 뚜렷하게 존재하지 않는 여러 공동체는 사회 구조와 생활방식에서 나타나는 여타 특징마저도 서로 닮았다. 규모가 작으면서 구조가 발달 초기처럼 단순하고, 대개 평화롭게 정착 생활을 하고, 가난하고, 개인 소유권이 경제 체계의 지배적인 특징으로 나타나지 않는다. 그렇다고 이런 공동체가 현존하는 모든 공동체 중 가장 작다거나, 그 사회 구조가 모든 면에서 덜 분화되었다고 말할 수는 없다. 또 개인 소유권 제도가 분명하게 나타나지 않는 원시 공동체라면 반드시 이런 부류에 속한다고 볼 수도 없다. 그러나 주목할 만한 점은 가장 평화로운 – 어쩌면 모든 평화로운 – 원시적 남성 집단이 이런 부류에 속한 듯 보인다는 것이다. 실제로 이런 공동체 구성원은 자신에게 무력을 휘두르거나 흉계를 꾸미는 대상에게도 어떤 호의를 보이며 효율적으로 대응하지 못하는 모습을 흔히 보인다.

발달 단계가 낮은 공동체의 관습과 문화특성이 제공하는 증거에 따르면, 유한계급제도는 원시 미개 문화가 야만 문화로 이행하는 동안, 더 구체적으로는 생활 습관이 평화로운 상태에서 늘 호전적인 상태로 이행하는 동안 서서히 등장한다. 유한계급제도가 일관된 형태로 등장하려면 다음과 같은 두 가지 조건이 꼭 필요해 보인다. (1) 공동체는 생활 습관이 전쟁을 벌이든 큰 짐승을 사냥하든 둘 모두를 하든 포식성이어야 한다.

다시 말해, 이런 상황에서 막 등장하기 시작한 유한계급 남성들은 상대방의 무력이나 책략 때문에 고통스럽게 상처 입는 일에 익숙해져야 한다. (2) 공동체 구성원 상당수가 일상적인 노동에 꾸준히 참여하지 않아도 될 만큼 매우 쉽게 최저 생활 수준을 누릴 수 있어야 한다. 유한계급제도는 일찍이 가치 있는 몇 가지 일과 가치 없는 다른 일을 차별하던 데에서 생겨난 결과이다. 초기 구분 기준에서 가치 있는 일은 명예로운 일로 분류할 수 있을 것이다. 반면 명예롭다고 평가할만한 요소가 전혀 들어가지 않지만, 반드시 매일 해야 하는 일은 가치 없는 일이 된다.

현대 산업사회에서는 이런 구분이 거의 중요하지 않기 때문에 경제학자들은 여기에 별 관심을 기울이지 않았다. 경제에 관한 논의를 이끌어온 현대 상식에 비추어 볼 때, 이런 구분은 형식적이기만 할 뿐 실체가 없어 보이기 때문이다. 하지만 이런 구분은 아주 흔한 선입견이 되어 현대 삶 속에서 끈질기게 살아남았는데, 그 예로 우리가 비천한 일을 상습적으로 혐오한다는 점을 들 수 있다. 이런 편견은 개인의 본성마저 우월한 것과 열등한 것으로 구분한다. 문화가 더 이른 단계에 있을 때는 개인이 무력을 통해 사건 방향을 더 직접 명백하게 좌우하므로, 일상생활에서도 명예로운 일을 매우 중요하게 여겼다. 이 현상에는 관심이 크게 집중됐다. 결국, 이런 이유로 당시에는 오늘날보다 더 필연적이고 확고하게 일을 구분했을 것이다. 따라서 일을 분류하는 현상은 문화가 발달하면서 나타난 결과이며, 그 견고한 차별에는 충분히 타당하고 적절한 근거가 따른다.

익숙한 사실에서 나타나는 명백하고 굳건한 특징은 그 시대가 지배적으로 관심을 쏟는 부분이다. 문제가 되는 사실을 언제나 다른 관점으로 파악하고 다른 의도에서 평가하는 사람에게는 모든 차별이 그 근거가 허황하게 보일 것이다. 어떤 활동에 담긴 여러 목적과 방향을 구분하고 분류하는 관습은 늘 어디에나 만연하기 마련이다. 생활방식이나 그에 관한 잠정적 이론을 이해하는 데 꼭 필요하기 때문이다. 삶에 관한 사실을 분류하기 위해 결정적으로 고르는 특징이나 그 사실을 바라보는 특정 관점은 그 사실에 어떻게 차별적으로 관심을 두느냐에 따라 달라진다. 따라서 차별을 하는 근거와 사실을 분류하는 기준은 문화가 성장함에 따라 계속 변한다. 결국, 삶에 관한 사실에 이 변화가 적용되면서 관점도 달라진다. 그리하여 문화가 어느 단계에 있을 때 명백하고 결정적으로 활동 부류와 사회계급을 특징짓는다고 보였던 것이 문화가 다음 단계로 넘어가면 분류 목적으로 사용하기에 예전만큼 상대적으로 중요하지 않게 되는 것이다.

그런데 관점이나 기준은 오직 서서히 변하

기 때문에, 한 번 받아들인 관점을 완전히 억제하거나 뒤집는 일은 거의 일어나지 않는다. 사람들은 여전히 생산직과 비생산직을 관습적으로 구분하고 있으며, 오늘날 벌어지는 이런 차별은 야만 문화에서 명예로운 일과 허드렛일을 나눴던 차별이 변형된 모습이다. 사람들은 전쟁, 정치, 교회 예배, 대중오락과 관련된 일이 물질적인 생활수단을 더 정교하게 다듬는 노동과는 본질부터 다르다고 생각한다. 일찍이 야만 조직에서 그었던 경계와 정확히 부합하는 것은 아니지만 광범위한 차별은 아직 사라지지 않았다.

오늘날 암묵적이지만 명백하게 존재하는 구분방법에 따르면, 인간이 아닌 것을 활용하는 데 최종 목적을 둔 모든 활동은 사실상 생산 활동에 속한다. 인간이 인간을 강압적으로 이용하는 것은 생산 활동으로 여기지 않으나, 인간 외 환경을 이용해서 인간의 생활을 직접 향상하는 활동은 전부 산업 활동으로 묶는 것이다. 전통적인 고전주의를 가장 잘 고수하고 활용하는 여러 경제학자들은 인간이 보유한 "자연을 지배하는 힘"을 현재 산업 생산력의 특징으로 본다. 이 자연을 지배하는 생산력은 인간이 짐승을 다루는 힘과 모든 자연력에 행사하는 힘을 포함한다. 인류와 짐승 사이에 이런 식으로 선을 긋는다.

다른 시대에, 다른 선입견에 물들었던 사람들은 이 선을 꼭 오늘날 우리가 하는 것처럼 그리지 않는다. 미개하거나 야만적인 생활을 할 당시에는 다른 곳에 다른 방식으로 선을 그었다. 야만 문화권에 속한 공동체라면 어딜 가든 현상을 크게 두 가지 집합으로 묶고 날카롭게 대조하는 관념이 만연한데, 한쪽에는 야만인 본인이 속해있고 다른 쪽에는 먹이가 속해있다. 경제 현상과 비경제 현상을 대조하여 생각하는데, 오늘날과는 그 방식이 다르다. 사람이

냐 동물이냐를 구분하는 대신 활동물이냐 비활동물이냐를 구분하기 때문이다.

    지금 보기에 지나치게 신중한 설명인 듯도 하지만, 여기서 야만인이 생각하는 '활동물'이라는 용어는 '생물'이라는 단어와는 개념이 달랐을 것이다. '활동물'이라는 용어를 모든 생물뿐 아니라 그보다 훨씬 많은 것에도 사용하기 때문이다. 폭풍, 질병, 폭포 등과 같이 강렬한 자연 현상은 '활동물'이라고 여겼지만, 과일과 풀은 물론이고 집파리, 구더기, 나그네쥐, 양 등과 같이 별 볼 일 없는 동물마저도 무리 전체를 이야기할 때가 아니라면 대개 '활동물'이라고 인정하지 않았다. 여기서 '활동물'이라는 용어는 반드시 영혼이나 정신을 내재하고 있음을 암시하지 않는다. 만물에 영혼이 있다고 믿는 미개인이나 야만인이 실제로 항상 움직이거나 움직인다고 여김으로써 강력한 위력을 부여한 것이 이 개념에 속한다. 이 범주에는 수많은 자연물과 자연 현상이 광범위하게 들어있다. 지각없는 사람들은 여전히 습관적으로 활동물과 비활동물을 구분하여 생각하면서, 인간이 어떤 생애를 살고 자연은 어떻게 운행되는지에 관한 일반적인 관념에 여전히 지대한 영향을 미친다. 그러나 문화와 신앙이 더 이른 단계에 있을 때와는 달리 지금은 이런 생각이 우리 생활에서 그만큼 널리 만연하지 않으며 현실적으로 심각한 결과를 불러오지도 않는다.

    야만인한테 비활동물을 정교하게 다듬거나 이용하는 일은 '활동물' 및 무력을 다루는 일과는 아주 차원이 다른 활동이다. 경계선이 모호하거나 움직일 수도 있지만, 그 대략적인 차이조차 야만 생활에 영향을 주기에는 충분히 현실적이고 타당하다. 야만인은 활동물에 속하는 것이 움직이는 모습을 보고 어떤 목표를 지향한다고 상상한다. 이렇게 눈에 보이는 움직임을 목적론적으로 바라보면서 어떤 대상이나 현상을 활동물로 선정하는 것이다. 단순한 미개인이나 야만인은 조금이라도 눈에 띄는 움직임을 마주하면, 이미 알고 있는 맥락, 즉 자기가 의식적으로 하는 행동의 맥락에서 받아들인다. 따라서 이런 움직임을 사람의 행동처럼 취급하며, 마찬가지로 움직이는 물체를 사람처럼 취급한다. 이런 성격을 지니고 있으며, 특히 눈에 띄게 압도적이고 불가사의하게 움직이는 현상에는 특별한 사람이 대처해야 하며, 비활동물을 다룰 때와는 다른 기술을 이용해야 한다. 이런 현상에 성공적으로 대처하는 것은 명예로운 일이지 생산 활동이 아니다. 그리고 근면함이 아니라 용맹을 뽐내는 일이다.

원시 사회집단에서 하는 활동은 비활동물과 활동물을 나누는 단순한 기준에 따라 두 가지로 나뉘는 경향이 있는데, 오늘날에는 이들 부류를 각각 명예로운 일과 생산 활동이라고 부른다. 생산 활동은 새로운 것을 창조하는 활동으로, 제작자는 솜씨를 발휘하여 수동적인 "인간이 아닌" 재료에 새로운 용도를 부여한다. 명예로운 일이란, 다른 행위자가 다른 목적을 위해 사용하도록 두었던 자신의 에너지를 자기에게 유용한 결과가 발생하는 쪽으로 돌리는 것이다. 지금도 '인간이 아닌 재료' 관련 논의에는 그 용어를 대단히 중요하게 생각했던 야만인의 관념이 남아있다.

명예로운 일과 허드렛일 간의 구분은 성별에 따른 차이와 일치한다. 남성과 여성은 그 지위와 근력뿐 아니라 어쩌면 더 결정적으로 그 기질이 다르므로 분명 여기에 상응하여 일찍부터 노동분업이 이뤄졌을 것이다. 명예로운 부류에 속하는 활동은 대개 남성이 맡는데, 남성은 더 굳세고, 더 건장하고, 갑작스럽게 폭력적으로 찾아오는 중압감을 더 잘 버틸 뿐 아니라, 더 손쉽게 자기주장을 하고, 활발하게 경쟁하며, 공격하는 경향이 있기 때문이다. 원시 부족민 사이에는 질량과 생리적 특징, 기질적 특징이 크게 차이 나지 않았을 것이다. 실제로 우리가 알고 있는 몇몇 고대 공동체에서는 이 차이가 상대적으로 작고 하찮아 보이는데, 안다만 제도 부족이 그 예이다. 하지만 이런 체격과 의지의 차이가 그어놓은 선을 기준으로 기능이 본격적으로 분화되기 시작하면, 원래 성별 간에 존재했던 차이는 그 즉시 넓어질 것이다. 제각각 새롭게 구분된 직업에 순응하는 과정이 쌓여갈 것이며, 특히 공동체가 사는 거주지나 접촉하는 동물군 특성상 더 굳건한 힘을 크게 발휘해야 하는 경우 이런 경향은 더 강해질 것이다. 늘 대형 사냥감을 쫓는 공동체에서는 큰 덩치, 날렵한 행동, 흉포한 성격과 같은 남성적인 자질이 더 필요하고, 따라서 성별에 따른 기능 차이는 더 빠르게 벌어진다. 또 다른 집단과 적대적인 관계를 맺은 집단에서는 그 즉시 기능이 분리되기 시작하여, 영웅적인 일과 생산 활동이 나뉘는 형태로 발달할 것이다.

이런 포식성 사냥꾼 집단에서는 신체 건강한 남성이 전사와 사냥꾼 지위를 누린다. 여성은 다른 일을 하는데, 이 문제와 관련해서 남성용 일을 하기에 부적합한 구성원은 여성에 속한다. 그러나 남성이 하는 사냥과 전투는 전반적으로 같은 특징을 띤다. 둘 다 약한 대상을 갈취하는 성질이 있기 때문이다. 전사와 사냥꾼은 씨를 뿌리지 않고 수확한다는 점에서 닮았다. 또 무력과 지혜를 공격적으로 뽐낸다는 점에서 근면 성실하고 평온 무사하게 필요한 물건을 만드는 여성과 다르다. 생산적인 노동을 하기보다는 물건을 약탈한다고 볼 수 있기 때문이다. 야만인 남성이 하는 일이 가장 발달하고 여성이 하는 일과 가장 멀어지게 되면, 무용을 뽐내지 않는 모든 활동은 남성에게 가치 없는 일이 된다. 전통이 일관되게 이어지면 공동체 사람 대부분은 그 전통을 행동 규범으로 생각하게 된다. 따라서 문화가 이 단계에 들어서면, 자존심 강한 남성은 무용, 즉 무력과 전략을 사용하지 않는 그 어떤 일과 채집 활동도 하지 않는다. 포식성 생활 습관이 오래 이어지면서 공동체에 자리 잡으면, 죽이는 일, 생존하기 위해 저항하거나 도망치는 경쟁자를 말살하는 일, 주변에서 끈질기게 존재감을 드러내는 외부 세력을 정복하여 복종시키는 일은 신체 건강한 남서이 사회경제적으로 공인받은 직무가 된다. 많은 사냥 부족에는 이렇게 명예로운 일과 허드렛일을 이론적으로 구분하는 성향이 구석구석 끈질기게 녹아있어서, 남성은 절대 사냥감을 집으로 가져오지 않으며, 자신에게 예속된 여성을 보내 그 비천한 직무를 수행하게 한다.

앞서 이야기했다시피, 명예로운 일과 허드렛일을 구분하는 것은 직업을 부당하게 차별하는 것이 된다. 명예로운 직업은 존경할만하고,

고결하고, 기품있다고 여기지만, 명예로운 요소를 포함하지 않는 다른 일, 특히 남에게 복종하거나 굴복하는 직업은 천하고, 저속하고, 품위 없다고 여기기 때문이다. 존엄이나 가치, 명예 같은 개념은 사람에 적용하든 행동에 적용하든 계급이 발달하고 분화하는 데 가장 중요하며, 따라서 그 어원과 의미에 관한 이야기를 할 필요가 있다. 이런 개념을 뒷받침하는 심리학적 배경은 다음과 같이 간단하게 이야기할 수 있다.

필요한 것을 선택하는 문제에서 남성은 행위자가 된다. 남성은 자신이 공개적이고 충동적인 "목적론적" 활동의 중심에 있다고 생각한다. 남성은 모든 행동을 할 때, 어떤 구체적이고, 객관적이고, 보편적인 목표를 성취하길 추구하는 행위자이다. 남성은 이런 행위자이기 때문에 효율적인 일을 선호하고 헛된 노력을 싫어한다. 그리고 유용하거나 효율적인 것을 장점으로 여기고 헛되거나 무용하거나 무능력한 것을 단점으로 여긴다. 이런 기질이나 성향은 제작본능instinct of workmanship이라고 부를 수 있다. 한 사람이 다른 사람보다 효율적인지 상습적으로 비교하는 생활 환경이나 전통 속에서는 사람을 부당하거나 경쟁하듯 비교하는 형태로 제작본능이 표출된다. 이런 결과는 집단의 기질이 어떠냐에 따라 그 규모가 다르다. 사람을 늘 이처럼 불공평하게 비교하는 모든 공동체에서는 눈에 띄는 성공을 추구하는데 그 자체로 효율적이라는 점에서 존경받을 수 있는 근거가 되기 때문이다. 자신이 효율적이라는 점을 분명하게 보여줌으로써 존경을 얻고 비난을 피하는 것이다. 그 결과 제작본능은 무력을 경쟁적으로 보여주는 식으로 표출된다.

공동체가 아직 늘 평화롭고, 어쩌면 정착 생활을 하고 있으며, 개인 소유권 체계도 발달하지 않은, 사회 발달 초기 단계에 있는 동안, 개인이 지닌 효율성은 공동체의 생활을 발전시키는 데 도움이 되는 일에서 가장 자주 나타난다. 이런 집단에 속한 구성원들이 벌이는 경제적 경쟁은 주로 개인이 얼마나 효율적으로 생산 활동을 하는가일 것이다. 동시에 경쟁할 유인이 강하지 않으며 경쟁 범위도 넓지 않다.

평화로운 미개 사회 단계에서 포식성 생활 단계로 공동체가 이행하면, 경쟁 조건은 변한다. 훨씬 더 넓은 범위에서 더 긴급하게 경쟁할 유인과 기회가 생긴다. 남성이 하는 활동은 점점 더 명예로운 성격을 띠며, 점점 더 쉽고 습관적으로 한 사냥꾼이나 전사를 다른 이와 부당하게 비교한다. 실제로 무용을 발휘한 증거-노획물-는 남성의 사고방식 속에 꼭 필요한 생활 도구로 자리 잡는다. 전리품, 즉 추격하거나 급습하여 얻은 노획물을 뛰어난 무력에 대한 증거로서 칭송한다. 공격적인 행동을 승인하고 별다른 반증이 없는 한 전리품은 공격에 성공했다는 증거로 채택한다. 이 단계에 접어든 문화에서는 싸움을 공식적이고 훌륭한 자기주장으로 인정하며, 강탈하거나 강요하여 상납받은 유용한 물건이나 용역은 싸움에 이겼다는 관습적인 증거가 된다. 반대로 강탈하지 않고 얻은 물건은 전성기 남성에게 어울리지 않는다고 생각한다. 마찬가지 이유로 생산 활동이나 개인적인 용역을 제공하는 일 역시 똑같이 천대받는다. 이런 식으로 한쪽에는 명예로운 일과 강탈하여 습득한 것을 두고, 다른 쪽에는 생산 활동을 두는 부당한 차별이 생기는 것이다. 노동은 지루한 일이라는 인식이 생기는데, 노동하는 것을 치욕스럽게 생각하기 때문이다.

    개념 자체가 세분되고 같은 어원에서 부차적인 의미가 파생되면서 단순했던 개념이 모호해지기 전, 원시 야만인들이 생각했던 '명예로운' 일은 우월한 무력을 뽐내는 일만을 함축하고 있는 것으로 보인다. '명예로운' 일은 '두려운' 일이며, '훌륭'한 일은 '우월한' 일이다. 종

국에는 명예로운 일 중 성공적으로 공격하는 행동이 아닌 것은 거의 남지 않으며, 공격적인 행동이 남성이나 짐승과 충돌하는 것을 의미하는 공동체에서는 완력을 뽐내는 활동을 특히나 가장 명예롭다고 생각한다. 겉으로 드러나는 모든 힘을 인품이나 '의지력'의 소산으로 해석하는 순진하고 낡은 버릇은 완력을 찬양하는 관습을 강화한다. 야만 부족은 물론 더 발달한 문화에서까지 유행하는 명예로운 별칭은 일반적으로 이 투박한 명예 관을 담고 있다. 족장을 가리키거나 왕과 신의 비위를 맞추기 위해 사용하는 별칭과 칭호는 흔히 폭력으로 지배하려는 성향과 걷잡을 수 없는 파괴력을 달래고자 하는 사람에게 부여한다. 오늘날 더 문명화된 공동체까지도 마찬가지다. 단체나 국가의 상징으로 육식동물이나 맹금류를 매우 선호하는 현상은 이런 관점을 강화한다.

    가치나 명예를 알아보는 데 야만인이 이용

하는 이런 상식에 따르면, 생명을 빼앗는 일-짐승이든 사람이든 가공할만한 적을 죽이는 일-은 가장 영광스러운 일이다. 살육이라는 이런 고귀한 임무는, 살해자가 우월함을 표현하는 방식이라는 점에서, 살해자의 모든 행동은 물론 그 행동에 사용하는 모든 도구와 장신구에 매력적인 가치를 부여한다. 무기는 고결하며, 무기를 다루는 일은, 그것이 들판에 사는 보잘 것없는 생물의 목숨을 노리는 일일지라도 명예로운 일이 된다. 동시에 생산 활동은 그만큼 혐오스러운 일이 되며 상식적으로 보았을 때 생산 활동에 사용하는 도구와 연장을 다루는 일은 신체 건강한 남성의 존엄성을 짓밟는다. 노동이 지겨운 일이 되는 것이다.

여기서 가정한 바에 따르면 문화가 진화하는 동안 원시 집단 남성은 우선 평화적인 단계에 머물다가 전투를 집단 특유의 일로 공인하는 단계로 넘어간다. 그러나 온전하게 평화롭고 호의가 오가던 단계에 있다가 실제 전투가 처음 벌어지면서 갑작스레 생활이 후기나 상위 단계로 넘어간다는 의미는 아니다. 문화가 포식성 단계로 이행하면서 평화로운 생산 활동이 사라진다는 의미도 아니다. 사회가 발달하는 초기에도 이따금 싸움이 벌어졌다. 싸움은 아마 대부분 생식경쟁 과정에서 발생했을 것이다. 유인원의 습성과 더불어 원시인 집단과 관련해서 우리가 알고 있는 습성은 이런 주장을 뒷받침하며, 인간 본성을 자극하여 얻은 유명한 증거 역시 마찬가지 관점을 강화한다.

따라서 여기서 가정한 초기 단계의 평화로운 삶 같은 것은 없다고 반박할지도 모르겠다. 문화가 진화하는 동안에는 늘 싸움이 발생했다. 문제는 가끔, 때때로, 더 자주, 상습적으로 벌어지는 전투에 관한 것이 아니라, 전투가 상습적인지에 관한 것이며, 정신상태가 늘 호전적으로 되었는지-전투를 통해 사실과 사건을 판단하는 습관이 일반적으로 형성되었는지-에 관한 것이다. 문화가 포식성 단계에 돌입하려면 집단 구성원 사이에서 포식성 태도가 습관적이고 공식적인 사고방식이 되어야만 하며, 전투가 당시 인생관의 지배적인 특징이 되어야만 하며, 전투를 바라보는 관점에서 남성과 상황의 진가를 인정하는 것이 상식이 되어야만 한다.

그러므로 문화가 평화적인 단계일 때와 포식성 단계일 때 나타나는 큰 차이는 정신적 차이이며 기계적으로 나타나는 행동 차이가 아니다. 정신상태가 변하는 이유는 그 집단의 생활을 둘러싼 물질적인 부분이 변하기 때문이며, 이런 정신상태 변화는 물질 환경이 포식성 태도를 보이기에 유리해짐에 따라 점진적으로 일어난다. 포식성 문화의 가장 낮은 단계는 생산문화의 가장 높은 단계이다. 포식 활동이 관습, 즉 어떤 집단이나 계급의 전통적인 수단이 되려면, 최저 수준으로 생계를 꾸리는 데 필요한 정도 이상으로 생산성이 발달함으로써 싸워서 쟁취할만한 잉여분이 남아야 한다. 따라서 평화로운 활동이 포식성 활동으로 넘어가려면 기술 지식이 증가하고 도구를 더 많이 사용해야 한다. 마찬가지로 포식성 문화도 이른 시기에는 나타날 수 없으며, 남성이 무시무시한 동물이 될 수 있을 만큼 무기가 발달할 때까지 기다려야 한다. 물론 발달 초기에는 도구와 무기가 같으며 단지 다른 관점에서 바라볼 뿐이다.

주어진 집단이 평화로운 특성을 띠는 기간은, 상습적으로 싸우려는 의지 때문에 전투가 남성의 생활을 나타내는 지배적인 특징이 되고 남성의 일상적인 사고 전면에 등장하기 전까지다. 아마 이런 포식성 태도를 거의 완벽하게 갖춘 집단은, 포식성 의지에 따라 생활과 행동 규범을 통제할 것이다. 따라서 포식성 태도와 습관, 전통이 쌓이면서 문화 역시 서서히 포식성 단계에 이른다고 할 수 있는데, 이는 인간의 본능적인 특징을 비롯하여 평화로운 생활보다는 포식성 생활에 도움이 되는 행동 규범 및 전통을 발전시키고 보존하는 방향으로 집단의 생활 환경이 바뀐 결과이다.

초기 문화에는 평화적인 단계가 있었다는 가설을 뒷받침하는 증거는 상당 부분 민족학보다는 심리학에서 도출했으며, 여기서 자세히 다루기 어렵다. 일부는 향후 현대 문화 속에서 인간 본성의 옛 흔적이 어떻게 살아있나에 관해 논의하는 장에서 이야기할 것이다.

2
과시적 여가: 상류층과 하인

여기서 이야기하는 '여가'라는 용어는, 게으르다거나 활동하지 않는다는 뜻은 함축하지 않는다. 여기서는 생산 활동을 하지 않고 시간을 보낸다는 뜻을 함축한다. 생산 활동을 하지 않고 시간을 보내는 이유는 (1) 생산 활동이 무가치하다고 느끼고, (2) 일을 하지 않아도 생활할 수 있을 만큼 재력이 있음을 보여주기 위해서이다. 명예로운 여가는 유한계급 남성의 삶을 이상적이고 체계적으로 구성하며, 구경꾼들은 이 명예로운 여가가 보여주는 장관에 감명받지만, 유한계급 남성이 전 생애를 구경꾼들 눈앞에서 보내는 것은 아니다. 인생 일부는 대중들의 시선을 벗어날 수밖에 없는데, 유한계급 남성이 자신의 명예를 지키려면 그 개인적으로 보내는 기간에 관해 설득력 있게 설명할 수 있어야 한다. 따라서 구경꾼들이 보지 않는 곳에서도 여가생활을 보냈다는 증거를 제시할 수 있어야 한다. 그러기 위해서는 간접적인 방식을 쓸 수밖에 없으며, 여가를 보냈다는 어떤 결과가 실제로 남아있음을 보여주어야 한다. 유한계급 남성에게 고용된 수공업자들과 하인들이 노동하여 실제로 남긴 생산물을 흔히 보여주듯 말이다.

생산 노동이 남긴 증거는 물질적인 생산물이며, 대개는 어떤 소모품이다. 명예로운 일과 관련해서도 실체 있는 결과를 흔하게 입수할 수 있는데, 이 결과는 노획물이나 전리품과 같은 식으로 전시할 수 있다. 후기 발달 단계에서는 명예를 나타내는 몇몇 휘장을 다는 일이 관습이 되는데, 이 휘장은 명예로운 일을 했음을 나타내는 전통적이고 공식적인 표시가 될 것이며, 동시에 해당하는 명예로운 일을 얼마나 심도있게 많이 했는지 나타낸다. 인구 밀도가 높아지고, 인간관계가 더 복잡하고 많아지면, 삶의 세부사항들은 모두 정교해지고 선별이 필요해진다. 이런 정교화 과정에서 노획물을 사용하는 방식은 계급과 작위, 신분, 휘장 체계로 발달하며 이 체계의 전형적인 사례로는 문장과 메달, 명예 훈장이 있다.

경제 관점에서 볼 때, 직업으로 취급하는 여가는 그 실체가 명예로운 삶과 밀접하게 관련되어있다. 여가생활을 특징짓고 품위 기준을 준수하는 성취는 명예로운 일에서 얻는 노획물과 매우 유사하기 때문이다. 하지만 좁은 의미에서 말하는 여가는 명예로운 일 또는 근본적으로 쓸모없는 물건을 만드는 모든 표면적인 생산 활동과 완전히 다르며, 물질적인 생산물을 남기지 않는다. 따라서 과거에 수행했던 여가를 측정하는 기준은 흔히 '비물질적인' 생산물의 형태를 띤다. 지난 여가에 대한 이런 비물질적인 증거로는 준 학술적이거나 준 예술적인 소양, 그리고 인간 생활이 발전하는 데 직접 이바지하지 않은 과정 및 사건에 대한 지식을 들 수 있다. 따라서 요즘으로 치면 사어dead language와 신비학occult sciences, 정확한 철자법, 통사론syntax과 운율학prosody, 다양한 살롱 음악 및 여타 살롱 예술, 의복과 가구, 마차에서 나타나는 최신 특징, 도박 및 경기, 개나 경주마같이 애완용으로 교배한 동물 등에 관한 지식을 예로 들 수 있다. 이 모든 지식 분야에서, 처음에 지식을 습득하고 유행시키게 된 동기는 생산 활동에 시간을 쏟지 않았음을 보여주고자 하는 바람과는 상당히 달랐을지도 모른다. 하지만 이런 성취는 비생산적인 일에 시간을 썼다는 증거로 쓸 만하다고 인정받지 못했다면, 유한계급의 관습적인 성취로서 살아남아 자리 잡지 못했을 것이다.

    어떻게 보면 이런 교양은 학습 분야로 분류할 수도 있다. 이런 학습적인 면을 넘어서, 사회적 사실이라는 더 넓은 영역에서 보자면 학습 영역은 육체적인 습관 및 기량 영역으로 차차 변한다. 전반적인 예절과 가정교육, 정중한 어법, 예의, 격식 있고 공식적인 의례로 말이다. 이런 부류에 속한 사실들은 훨씬 즉각적이고 두드러지게 나타나며, 따라서 명망 높은 여가를 증명하는 데 꼭 필요한 증거로서 더 넓고 강압적으로 존재감을 뽐낸다. 예의라는 일반적인 표제 하에 묶을 수 있는 온갖 공식적인 의례가 남성의 명예와 관련하여 더 중요한 자리를 차지하는 때는 과시적 여가 conspicuous leisure가 좋은 평판을 표시하는 지표로 가장 크게 유행하는 문화 단계에서이지 이후 더 발달한 문화 단계에서가 아니라고 해도 좋을 것이다. 모든 예절과 관련해서 산업이 준평화적인 quasi-peaceable 단계일 때 살았던 야만인은 후대의 가장 고상한 사람을 제외한 모든 사람보다 더 잘 교육받은 신사로 유명하다. 실제로 유명하거나 적어도 현재까지 믿고 있는 바에 의하면 예의는 사회가 가부장적 단계를 벗어남에 따라 점차 약해진다. 많은 보수적인 상류층 남성들은 현대 산업 공동체에서는 더 나은 계급조차 예절과 태도가 상스럽다며 분기탱천하며 한탄했다. 감성이 섬세한 사람이라면 누구나 진정한 산업계급들 사이에서 양식 규범이 쇠퇴하여 생활이 대중화되는 현상을 현대 문명이 저지른 주요 흉악범죄 중 하나로 보았다. 모든 멸시와는 별개로, 바쁜 사람들이 직접 규범을 파괴했다는 사실은 예의가 유한계급 생활의 산물이자 전형이며, 계급제도 하에서 가장 잘 번창한다는 사실을 증명한다.

예절이 탄생한 기원, 더 낫게는 유래를 찾으려면, 예절을 익히기 위해 많은 시간을 쏟았다는 것을 보여주기 위해 품위 있는 사람들 측이 하는 의식적인 노력이 아니라 다른 곳을 봐야 함에는 의심할 여지가 없다. 혁신하고 공들여 노력함으로써 즉각적으로 달성하려는 목표는 아름다움이나 표현 측면에서 새롭게 시도하여 더 높은 효과를 내는 것이었기 때문이다. 인류학자와 사회학자가 습관처럼 가정하듯, 점잖은 어법에 적용하는 의례적인 규범의 상당 부분은 비위를 맞추거나 호의를 보이고자 하는 바람에서 시작하여 발달했으며, 이후 모든 발달 단계에서 품위 있는 사람 대부분은 이 초기 동기가 담긴 행실을 보여준다. 우리가 알고 있는 예절은 부분적으로는 정교한 몸짓이지만, 부분적으로는 예전에 지배하거나 인적 용역을 제공하거나 사람끼리 접촉했던 행위를 대표하는 상징적이고 관습적인 유풍이다. 대게 예절은 한쪽은 지배하고 한쪽은 복종하는 지위관계를 상징하는 무언극이다. 오늘날 생활방식의 특징이 포식성 사고습관과 그 결과로 생긴 지배 및 복종 태도로 결정되는 곳에서는 세세한 품행이 모두 극도로 중요하며, 준평화적인 유목 문화에서 야만인들이 설정한 이상에 가깝게 접근하기 위해서는 계급과 작위에 따른 공식적인 의례를 성실하게 수행해야 한다. 몇몇 유럽 대륙 국가는 이런 정신적 유풍에 관한 좋은 사례를 보여준다. 이들 공동체에서는 실제로 가치를 내재한다고 봄으로써 예절을 존중하는 일과 관련해서도 유사한 방식으로 고대 이상에 접근한다.

    예의는 상징과 무언극으로서, 오직 상징적인 사실과 특질을 전형적으로 보여준다는 효용만 지닌 채 처음 등장했다. 하지만 곧 변화를 거치면서 대개 인간 간 교류에 담긴 상징적인 사실을 무시하게 되었다. 머지않아 대중은 예절 그 자체가 상당히 유용하다고 생각했고, 예절은 원래 예상했던 사실과는 상당히 동떨어진 신성한 특징을 획득했다. 모든 남성은 예법에 어긋나는 일을 그 본질부터 혐오하게 되었으며, 일상적으로 생각하기에 좋은 소양이란 그저 훌륭한 인간에게서 우연히 나타나는 표시가 아니라 훌륭한 인간 영혼이 갖춰야 할 필수적인 특징이 된다. 예의에 어긋나는 일 만큼 우리가 그 본질까지 혐오하는 일은 거의 없다. 지금까지 우리는 예의라는 공식적인 의례에 고유한 효용을 전가하는 방향으로 전진하였으며, 그 결과 예의를 지키지 않는 사람은 근본적으로 무가치하다는 생각으로부터 예의에 어긋나는 행위를 분리할 수 있는 사람이 거의 없게 되었다. 신의를 저버리는 일은 용납할지언정 예의에 어긋나는 일은 용납할 수 없다. 즉 "예의가 사람을 만든다."

예절이 효용을 내재하고 있다 하더라도, 예절을 수행하는 사람과 지켜보는 사람 모두가 생각하기에 예의가 본질부터 옳다는 관념은 예절과 교양이 유행하는 직접적인 이유일 뿐이다. 예절을 뒷받침하는 숨은 경제적 배경을 찾으려면 여가나 비생산 활동을 하며 보내는 시간 및 노력의 영광스러운 특징을 살펴야 하는데, 이 시간과 노력 없이는 훌륭하게 예절을 익힐 수 없기 때문이다. 지식과 바른 예법은 오랜 연습 끝에만 익힐 수 있다. 세련된 취향, 예절, 생활 습관은 고상함을 나타내는 유용한 증거이지만, 훌륭한 소양을 갖추려면 시간과 공들인 노력과 비용이 필요하므로, 일하는 데 시간과 힘을 쓰는 사람은 훌륭한 소양을 갖출 수 없다. 바른 예법에 관한 지식은 교양있는 사람이 구경꾼의 시선을 벗어나 생활하는 동안에도 수익성 없는 일을 성취하며 시간을 가치 있게 보냈음을 보여주는 증거이다. 결국, 예절이 가치를 지니는 이유는 그것이 여가생활을 증명하는 증표이기 때문이다. 반대로 여가는 금전적 평판을 높이는 전통적인 수단이므로, 조금이라도 금전적으로 체면치레를 하길 열망하는 사람이라면 누구나 어느 정도는 훌륭하게 예의를 차릴 줄 알아야 한다.

    구경꾼들이 안 보는 곳에서 했던 명예로운 여가생활을 통해 평판을 높인다는 목적을 달성하기 위해서는 그 여가생활에 대한 실재하고 눈에 보이는 결과를 남겨야만 하는데, 이 결과는 증거로 내놓을 수 있어야 하고, 측정하여 같은 계급에서 좋은 평판을 경쟁적으로 열망하는 사람이 내놓은 결과물과 비교할 수 있어야 한다. 여유로운 예절과 행동거지 등이라고 할 만한 몇몇 결과물은 단순히 완고하게 일을 하지 않음으로써 얻을 수 있으며, 이것은 해당인이 그 문제에 대해서 숙고하지 않거나, 고의로 부와 지배력을 여유롭게 갖춘 체하지 않는 곳에서 역시 마찬가지이다. 여가생활을 이런 식으로 몇 세대 동안 지속하면, 습관적인 태도나 처신에는 물론 외양에도 지속적이고 확인할 수 있는 효과가 나타나리라는 것은 사실처럼 보인다. 그러나 축적된 여가생활이 암시하는 모든 것과 수동적으로 익혀 능숙해진 모든 예의는 사색을 통해 명예로운 여가를 나타내는 표시를 부지런히 획득하고, 그리하여 고되고 체계적인 훈련이 따르는 일을 면제받았다는 우연한 표시를 보여줌으로써 더욱 나은 결과를 낼 수도 있다. 노력과 비용을 부지런히 쏟아부을 때 유한계급 특성에 실질적으로 더 능숙해질 수 있다는 것은 자명한 사실이다. 역으로 말해, 유한계급 특성에 더 능숙하며, 수익성이나 여타 직접적인 쓸모가 없는 의례에 매우 익숙하다는 증거가 더 분명하다는 것은, 이런 특성을 획득함으로써 더 높은 평판을 얻는 데 암암리에 시간과 물질을 더 많이 소모했다는 이야기가 된다. 따라서 올바른 예절을 능숙하게 익히고자 경쟁적으로 노력하는 동안에는 예의 바른 습관을 기르는 데 몰두하여 큰 고통을 감내한다. 그리하여 세세한 예의는 종합적인 규율로 발전하고, 평판에 오점을 만들지 않으려는 사람이라면 모두 여기에 따라야 한다. 다른 한편으로 예의라는 결과를 초래한 이런 과시적 여가는 행동거지를 고되게 훈련 시키고 어떤 소비재를 어떻게 소비해야 예의 바른지와 관련하여 취향과 안목을 교육하는 식으로 서서히 발전한다.

따라서 고의로 세련된 계급이 되기 위해 빈틈없이 모방하고 체계적으로 훈련 하다보면, 대개는 만족스러운 효과를 얻긴 하지만, 준평화적인 병적이거나 여타 별스러운 성격 및 태도가 생길 가능성이 있다는 점은 주목할 만하다. 상당히 많은 가문과 혈통은 이처럼 소위 점잔 빼는 과정을 통해 상류층 태생과 가계가 진화하는 과정을 건너뛴다. 이렇게 갑자기 등장한 상류층 사람은 그 집단에서 유한계급이 수행하는 역할 측면에서 보았을 때, 더 오랜 시간에 걸쳐 덜 고되게 금전 관련 성향을 훈련해온 사람보다 크게 열등하지 않다.

　게다가 점잖은 소비 방법과 관련하여 최근 인정한 세부 규정에 얼마나 순응하는지는 측정할 수 있다. 이런 맥락에서 어떤 사람이 다른 사람에 비해 이상에 얼마나 가깝게 순종하는지 비교할 수 있으며, 예절과 소양을 측정하는 점진적인 척도에 따라 상당히 정확하고 효과적으로 인격을 평가하여 정리할 수 있다. 이점과 관련하여 좋은 평판이라는 상은 대개 신뢰 속에서, 해당 문제와 관련한 공식적인 취향 규범에 순응하는가를 근거로 하되, 좋은 평판을 얻고자 하는 해당 지원자가 어떤 금전적 지위에 있고 여가를 얼마큼 누리는지에는 굳이 관심을 두지 않고서 수여한다. 그러나 이 상을 수여하는 취향 규범은 과시적 여가 법칙의 지속적인 감시를 받으며, 실로 끊임없는 변화와 수정을 거쳐서 과시적 여가 법칙이 요구하는 조건에 더 가깝게 순응한다. 따라서 직접적인 차별 근거는 다른 것일지 몰라도, 만연한 원칙에 따라 훌륭한 소양을 기르고 계속해서 검증받으려면 분명 상당한 시간을 낭비해야 한다. 이 원칙 범위 안에서도 세세한 부분은 크게 다를 수 있지만, 형태와 표현이 다를 뿐 핵심은 같다.

    일상적으로 교류할 때 따르는 예절은 대부분 당연히 배려와 친절한 호의를 직접 표현한 것이며, 좋은 평판이라는 이유가 기저에 깔려 있다고 추적하지 않아도 이런 품행 요소가 존재하며 보이는 그대로 승인받은 것임을 대체로 설명할 수 있다. 그러나 성격 규범은 그렇지 않다. 신분을 표현하기 때문이다. 관심 있는 사람한테 명백하게 보이는 사실에 따르면 천한 일을 하는 사람이나 금전적으로 독립하지 못하여 열등한 여타 사람을 대하는 우리 태도는 대개 거칠고 고압적인 원래 표현을 크게 수정하거나 순화하긴 했어도 높은 지위를 차지하는 구성원이 보이는 태도와 같다. 마찬가지로 우월하거나 동등한 사람을 향해서는 거의 관습적인 태도대로 굴종하는 자세를 취한다. 고매한 상류층 남성이나 여성이 취하는 거만한 태도는 이들이 경제 상황에서 우위를 점하며 독립해 있음을 잘 증명하는 동시에, 무엇이 옳고 품위 있는 것인지에 관해서 우리를 설득하는 힘을 발휘한다는 점에 주목하자. 예의를 완전하고 성숙하게 표현하는 사람들은 윗사람이 없고 비슷한 지위인 사람도 거의 없는 최상류층 유한계급이다. 예의에 분명한 공식을 적용하여 아래 계급에서 행실 규범으로 사용할 수 있도록 한 사람들 역시 이 최상류계급이다. 이 규범은 틀림없는 신분 규범이며 비천하고 생산적인 일 모두와 뚜렷하게 상반된다. 복종을 요구하고 뒷일을 생각 안 하는 데 익숙해진 사람이 내비치는 고상한 자신감과 고압적인 정중함은 전성기 상류층 남성이 태어날 때부터 지니고 있던 권리이자 규범이다. 이런 생각은 대중에게서 더 두드러지는데, 이런 태도는 가치가 더 우월한 내적 자질이며 천한 평민은 그 앞에서 기꺼이 고개를 숙이고 항복해야 한다고 받아들이기 때문이다.

앞선 장에서 언급했듯, 소유권 제도가 사람, 그중에서도 주로 여성을 소유하는 데서 시작했다고 믿는 데는 이유가 있다. 이런 재산을 획득하려는 명백한 유인은 (1) 지배하고 억압하려는 경향 (2) 종속된 사람이 주인의 무용을 나타내는 증인으로서 갖는 효용 (3) 종속된 사람이 제공하는 용역의 효용이다.

인적 용역은 경제가 발전하는 동안 고유한 자리를 차지한다. 준평화적인 산업 단계와 이전반적인 단계 내에서 특히 산업이 발달하는 초기 동안, 인적 용역이 지닌 효용은 흔히 사람이라는 재산을 획득하고자 하는 지배적인 동기가 되는 것으로 보인다. 하인은 봉사함으로써 평가받는다. 하지만 이 동기가 우월한 이유는 하인이 소유한 다른 두 동기가 절대적으로 덜 중요해졌기 때문은 아니다. 그보다는 생활 환경이 바뀌면서 하인의 효용 중 마지막에 언급했던 용도가 두드러지기 때문이다. 여성과 다른 노예는 부유하다는 증거이자 부를 축적하는 방법이라는 면에서 높이 평가받는다. 목축하는 부족이라면 여성과 노예는 흔히 가축과 더불어 수익을 내기 위한 투자수단이 된다. 그만큼 여성 노예 제도는 준평화적인 문화에서 영위하는 경제생활을 특징지을 것이며, 호메로스 시대와 같은 이런 문화 단계에서 사는 사람들은 여성을 가치 단위로까지 사용했을 것이다. 이런 경우 산업 체계가 노예 소유 제도에 기초하며 여성은 대부분 노예였다는 데에 반론할 여지는 거의 없다. 이런 체계에서는 주인과 하인 관계가 만연하다. 부유함을 증명한다고 인정하는 증거는 여성을 많이 소유하며, 그 결과 주인 시중을 들고 주인이 쓸 물건을 생산하는 여타 노예를 소유하는 것이다.

　주인 시중을 들고 인적 용역을 제공하는 일이 일부 하인들의 특별한 직무가 되는 노동분업이 시작되면, 이윽고 엄밀히 말하는 생산직에 전적으로 종사하는 하인은 주인과 모든 직접적인 관계가 점점 더 끊긴다. 동시에 가사를 포함하여 인적 용역을 제공하는 직무를 맡은 하인은 점차 돈벌이를 위한 제조업에서 벗어난다.

　이렇게 평범한 생산직을 점진적으로 면제받는 과정은 흔히 부인이나 정실부인에서부터 시작된다. 공동체가 발달하여 생활 습관이 자리 잡았다면, 호전적인 부족에서는 관습에 따라 부인을 약탈하여 공급하는 것이 불가능해진다. 이렇게 문화발달을 이룬 곳에서, 정실부인은 대개 상류층 출신이므로 더 빠르게 천한 일을 면제받을 것이다. 상류계급이라는 개념이 탄생하는 방식은 결혼이 발달하면서 상류계급이 차지하는 장소와 마찬가지로 여기서는 논의할 수 없다. 상류계급이란 장기간 부를 축적하거나 온전한 특권을 누림으로써 작위를 받은 계급이라고 언급하는 것으로도 현재 목적을 달성하기에는 충분할 것이다. 이런 조상을 둔 여성은 결혼대상으로 인기가 많은데, 이 여성의 유력한 친척과 동맹을 맺을 수 있고, 많은 재산과 큰 권력을 지녀온 혈통에 더 많은 부를 귀속시키는 느낌이 들기 때문이다. 여성은 팔려가기 전 아버지의 소유물이었던 것처럼 여전히 남성의 소유물일 것이지만, 동시에 아버지의 귀한 혈통을 잇는다. 따라서 하인들이 하는 비천한 일을 이 여성이 한다면 도덕적 모순이 생긴다. 이 여성이 주인에게 얼마나 강하게 예속되든, 태생이 정해준 사회계층 내에서 남성 구성원보다 얼마나 열등하든, 품위가 유전된다는 원칙은 이 여성을 평범한 노예보다 높이 올려놓을 것이다. 그리고 이 원칙에 권위가 생기는 즉시 이 여성은 품위를 나타내는 최고급 표시인 여가라는 특권을 조금 얻을 것이다. 품위 유전 원칙을 따라 더 나아가면, 여성은 주인이 소유한 부가 허락하는 한, 품위가 떨어지는 천한 일은 물론 수공예까지도 면제받을 것이다. 산업이 발달하고 재산이 상대적으로 소수 사람에게 모이면, 상류층이 소유한 부를 측정하는 관습적인 기준이 올라간다. 부인이 여럿이라면 수공예를 면제받고 머지않아 가사 노동을 면제받는 경향이 다른 부인들 사이에서도 마찬가지로 나타날 것이며 주인 신변에서 직접 시중을 드는 하인들에게서도 나타날 것이다. 주인과 더 배치된 하인일수록 더 느리게 면제받을 것이다.

주인에게 금전적 여유가 있다면 개인 시종이라는 특수 계급이 더 크게 발달하는데, 이들이 제공하는 인적 용역이 매우 중요해지기 때문이다. 주인의 신체는 가치와 명예를 나타내는 상징이므로 매우 중요하다. 주인은 공동체 안에서 명망 높은 지위 때문이든 자존감 때문이든, 언젠가는 효율적이고 전문성을 갖춘 하인을 갖춰야 하기 마련이며, 이런 하인은 어떤 부가적인 일이 있더라고 주인의 신변에서 시중을 든다는 최우선 과제에 집중한다. 이렇게 전문성을 갖춘 하인이 유용한 이유는 실제로 봉사를 받을 수 있어서라기보다는 과시할 수 있어서이다. 이런 하인을 두는 이유가 단순히 보여주기 위해서가 아니어도, 주인은 하인에게 지배 성향을 발산함으로써도 만족감을 얻는다. 계속해서 늘어나는 가재도구를 관리하려면 노동력이 더 필요할 수도 있다는 것은 사실이지만, 이런 도구는 대개 편리함보다는 명성을 키우는 데 사용하기 위해 늘리는 것이므로 이런 조건은 별로 중요하지 않다. 이런 종류 효용을 더 많이 얻으려면 더 전문적인 하인을 더 많이 보유해야 한다. 그 결과 하녀와 시종은 계속해서 분화하고 증가함과 동시에 생산 노동을 점차 면제받는다. 이들 하인은 주인에게 지급 능력이 있다는 증거 역할을 하므로, 대개 직무가 계속해서 줄어드는 경향이 있으며 결국 하인이 하는 직무는 이름뿐인 것이 된다. 이런 경향은 주인 가장 가까이서 명백하게 시중을 드는 하인에게 특히 더 잘 들어맞는다. 따라서 이런 하인이 지닌 효용을 주로 구성하는 요소는 이들이 생산 노동을 명백하게 면제받았다는 점과 그것이 주인의 부와 권력을 보여주는 증거라는 점이다.

    이런 식으로 과시적 여가를 누리기 위해 특수한 하인들을 고용하는 일이 상당히 발달하고 나면, 여성 하인보다 남성 하인을 선호하기 시작하는데 남성 하인은 눈에 잘 띄게 봉사하기 때문이다. 남성, 특히 급사나 여타 하인이 갖춰야 할 조건에 맞는 건장하고 용모 단정한 청년은 분명 여성보다 더 힘이 세고 비싸다. 따라서 이런 일에 더 알맞은데, 시간과 인력을 더 많이 낭비하고 있음을 보여줄 수 있기 때문이다. 그 결과 초기 가부장제 시절 바쁘게 일했던 주부와 그녀가 데리고 있던 부지런한 하녀는 유한계급 경제에서 머지않아 귀부인과 그 시녀가 된다.

모든 사회적 계급과 신분은 물론이고 모든 경제 발달 단계를 망라하고, 귀부인과 시녀가 누리는 여가는 표면상으로는 근면한 일이라는 점에서 상류층 남성이 정당하게 누리는 여가와는 다르다. 주로 주인에게 공들여 봉사하거나 가재도구를 유지하고 다듬는 형태를 하고 있기 때문이다. 따라서 귀부인과 시녀가 여가를 보낸다는 것은 이 계급이 생산 활동을 거의 또는 전혀 안 한다는 뜻일 뿐, 노동으로 보이는 모든 일을 면제받았다는 뜻은 아니다. 귀부인이나 가사 일을 하는 하인이 수행하는 직무는 종종 아주 고될 뿐 아니라, 대개 온 가족이 편하게 지내기 위해 꼭 필요하다고 여기는 일을 목표로 추구한다. 그런데 이렇게 봉사함으로써 주인이나 나머지 가족이 육체적으로 건강하고 편해진다면, 생산 활동을 한다고 볼 수 있다. 이런 효율적인 일을 제외하고 난 나머지 일만을 여가 활동으로 분류할 수 있다.

그러나 현대 일상생활에서 가사로 분류하는 대다수 일이나 문명인이 편리하게 생활하기 위해 요구하는 여러가지 '유용한 일'은 의례적인 성격을 띤다. 즉 본문에서 사용하는 용어 뜻에 따르면 여가로 분류할 수 있는 것들이다. 그런데도 이런 일들은 품위 있게 생활한다는 관점에서 보면 꼭 필요할 수도 있으며, 주로 또는 완전히 의례적 성격을 지니고 있을지라도 개인적으로 편의를 누리기 위해 꼭 필요할지 모른다. 이런 일들은 의례적인 성격을 띠고 있어서 꼭 필요하기도 한데, 의례적으로 불결하거나 가치 없는 환경 때문에 고통스러울 때 이런 일들이 필요하다고 배웠기 때문이다. 우리는 이런 일들을 안 하는 환경에서 불쾌함을 느끼는데, 신체적으로 직접 불편함을 느껴서는 아니다. 관습적으로 좋고 나쁜 것을 구분하는 취향을 기르지 않았다면 불쾌하지도 않을 것이기 때문이다. 이런 일들에 사용하는 노동을 여가라고 분류한다면, 경제적으로 자유롭고 자기 결정권을 가진 상위 지배층 외의 사람이 수행하는 여가는 대리 여가 vicarious leisure 로 분류할 수 있다.

가사라는 명목하에 주부와 하인이 수행하는 대리 여가는 종종 허드렛일로 발전할 수 있는데, 특히 명성을 얻고자 하는 경쟁이 치열하고 격렬한 곳에서 더욱 그렇다. 오늘날에는 이런 사례가 자주 나타난다. 이런 일이 일어나는 곳에서, 가사는 하인 계급이 수행하는 의무를 구성하며, 대리 여가라기보다는 헛된 노력이라고 부를 수 있을 것이다. 하지만 대리 여가라는 용어는 이런 가사 일이 어디서 유래했는지 암시할 뿐 아니라, 가사 일이 지닌 효용이 근본적으로 어떤 경제적 배경에 기인하는지 적절하게 설명한다는 장점이 있다. 이런 직무는 주로 주인이나 가정에 금전 관련 명성을 부여하는 방법으로 사용하기에 유용한데, 명성을 얻기 위해 주어진 시간과 노력을 과시적으로 낭비하기 때문이다.

이렇게 해서 부수적이거나 파생적인 유한계급이 탄생하고, 이들은 본래 유한계급이 좋은 평판을 얻을 수 있도록 직무를 수행한다. 이런 대리 유한계급은 정당한 유한계급과는 다른데, 평소 생활양식에서 나타나는 특징이 다르기 때문이다. 주인 계급이 누리는 여가는 적어도 표면상으로는 노동 회피 성향을 충족시키며, 자기 삶을 더 행복하고 충만하게 만들기 위한 것으로 보인다. 하지만 생산 노동을 면제받은 하인 계급이 누리는 여가는 주인 계급이 어느 정도 강요한 것이며, 대개는 자기가 편하기 위한 것이 아니다. 하인이 누리는 여가는 자기 여가가 아니다. 정확히 말하면 하인일 뿐 유한계급의 말단 구성원이 아니므로, 하인이 보내는 여가생활은 보통 주인의 삶을 더 충족시키는 데 전문적으로 봉사하는 일을 가장한다. 이런 복종 관계가 있다는 증거는 하인이 보여주는 행동거지나 생활방식에서 분명하게 드러난다. 부인이 여전히 주요 하인이었던 –다시 말해 남성이 유효한 가장이었던– 오랜 경제 단계 동안에는 대개 부인에게 이와 비슷한 일이 벌어졌다. 유한계급 생활이 요구하는 바를 충족시키려면, 하인은 복종하는 태도뿐 아니라 복종하기 위해 전문적으로 훈련받고 연습한 효과까지 보여주어야 한다. 하인이나 부인은 특정 직무를 수행하고 복종하는 기질을 보여야 할 뿐 아니라, 효과적이고 눈에 띄게 복종하는 데 필요한 규범을 따르도록 훈련받음으로써 복종

방법을 후천적으로 익혔다는 것을 꼭 보여주어야 한다. 오늘날에도 순종하는 관계를 공식적으로 표명하는 이런 기질과 후천적 기술은 급료가 높은 하인에게 효용을 부여하고 잘 교육받고 자란 아내를 빛나게 해주는 주요 요소이다.

훌륭한 하인이 갖춰야 하는 첫 번째 조건은 자기 자리가 눈에 잘 띄게 하는 법을 아는 것이다. 그러려면 하인은 어떤 바람직하고 물리적인 결과를 가져올 줄 알아야 할 뿐 아니라, 무엇보다도 이런 결과를 적절한 형태로 가져올 줄 알아야 한다. 누군가는 가사가 물리적인 기능이기보다 정신적 기능이라고 할지도 모른다. 바른 예법에 관한 정교한 체계가 차차 생겨나면, 이 대리 여가를 수행하는 하인 계급도 그 체계 안에서 구체적으로 규정하는 예절을 따라야 하기 때문이다. 이 예법을 벗어나는 일은 평가가 절하되는데, 물리적인 효율성을 떨어뜨리거나 심지어 복종하는 태도와 기질이 없어 보이기 때문보다는, 특수한 훈련을 받지 않았음을 보여주는 셈이기 때문이다. 인적 용역과 관련한 특수 훈련에는 시간과 노력이 들어가는데, 수준 높은 훈련이 명백하게 존재하는 곳이라면 그 훈련을 받은 하인은 과거부터 지금까지 어떤 생산직에도 일상적으로 종사한 적이 없다는 것을 알 수 있다. 이런 훈련은 아주 예전부터 대리 여가를 수행해 왔음을 나타내는 일견 타당한 증거이다. 따라서 훈련받아 봉사하는 일이 지니는 효용으로는 주인의 본능적인 취향에 맞춰 훌륭하고 능숙한 솜씨를 보여준다는 것과 주인에게 종속되어 살아가면서 주인의 과시적인 지배 성향을 받아준다는 것뿐 아니라 훈련받지 않은 사람이 간신히 수행하는 과시적 여가보다 인적 용역을 훨씬 많이 소비했다는 증거로 내놓을 수 있다는 것도 있다. 상류층 남성에게 봉사하는 집사나 급사가 주인의 식탁이나 마차와 관련하여 직무를 수행할 때, 쟁기질이나 양치기를 일상적으로 한다고 여길 만큼 형식을 안 따른다면 주인은 심각한 불만을 호소할 것이다. 이렇게 서투른 일 처리는 주인이 특별히 훈련받은 하인한테 봉사 받을 능력이 없음을 암시한다. 즉 엄격한 양식 규범을 지키면서 특별히 봉사하도록 훈련받은 하인이라면 시간을 들이고 노력하고 지시를 받아야 하는데, 여기에 대한 비용을 지급할 수 없다는 것이다. 주인이 보기에 하인이 예절을 잘 안 지키며 일한다면, 본질적인 목적을 이룰 수 없는데, 주인이 하인을 고용하는 주된 목적은 지급 능력을 증명하기 위해서이기 때문이다.

방금 했던 이야기를 듣고 나면 덜 훈련받은 하인이 예법을 위반하는 일은 자신이 저렴하거나 무용하다는 것을 직접 암시한다는 생각이 들지도 모른다. 물론 그렇지 않다. 이 관계는 훨씬 멀다. 여기서 벌어지는 일은 일반적으로 벌어지는 일이다. 우리는 처음에 어떤 이유가 있어서 가치 있게 여겼던 것을 머지않아 그 자체로 만족스럽게 여기는데, 그것이 본질부터 옳다는 사고방식이 생기기 때문이다. 그런데 특정 품행 규범을 계속 좋아하려면, 그 규범의 발달 표준을 이루는 습성이나 기질이 계속 규범과 부합하거나 적어도 양립할 수 있어야 한다. 대리 여가가 필요하다거나 과시적으로 봉사 받겠다는 생각은 하인을 고용하는 지배적인 유인이다. 이 사실이 변하지 않는 한, 수습 근무 기간을 축약하는 등과 같이 인정받은 관습에서 벗어나는 모든 행위는 머지않아 참을 수 없는 일이 될 것이라는 점은 특별히 논의할 필요도 없는 원칙이 될 것이다. 비싼 대리 여가에 필요한 조건은 우리의 취향해당 문제와 관련하여 무엇이 옳은지에 대한 우리의 생각을 주도적으로 형성함으로써 간접적이고 선별적으로 영향력을 발휘하며, 순종적이지 않은 일탈을 허락하지 않고 제거한다.

일반적으로 합의한 부의 기준이 높아지면서, 사치스러운 생활을 보여주기 위해 하인을 보유하고 부리는 일도 세분된다. 재화를 생산하기 위해 노예를 취득하여 보유하면 부유하고 용맹함을 나타낼 수 있지만, 아무것도 생산하지 않는 하인을 보유하면 그보다 더 부유하고 지위가 높음을 나타낼 수 있다. 이런 원칙에 따라 탄생한 하인 계급은 주인 신변에서 그저 기다리기만 하는 일을 유일하게 수행함으로써 주인에게 엄청난 용역을 비생산적으로 소비할 능력이 있음을 증명하며, 많을수록 더 좋다. 유한계급 남성의 명예를 유지하는 데 평생을 바치는 하인이나 고용인 사이에서 노동분업이 발생하는 것도 바로 이 시점이다. 따라서 한 집단이 주인을 위해 재화를 생산하는 동안, 보통 부인이나 시종 장이 이끄는 다른 집단은 주인을 위해 과시적 여가를 누리면서, 큰 금전적 손실이 생겨도 손상되지 않을 만큼 월등한 부가 주인에게 있음을 증명한다.

    가사가 어떻게 발전하고 어떤 성질을 지니고 있는지를 이렇게 다소 이상적이고 개략적으로 설명한 내용과 가장 잘 부합하는 문화 단계는 본문에서 준평화적인$^{\text{quasi-peaceable}}$ 산업 단계라고 이름 붙인 단계이다. 이 단계에서 인적 용역은 처음 경제 제도에 자리 잡으며, 공동체의 생활에서도 가장 넓게 자리를 차지한다. 문화 순서에 따르면, 준평화적인 단계는 엄밀하게 말하는 포식성 단계 뒤에 오며, 이 두 연속적인 단계 동안에는 야만 생활이 이어진다. 준평화적인 단계는 평화와 질서를 공식적으로 준수한다는 특징이 있지만, 동시에 생활을 살펴보면 문자 그대로 평화롭다고 하기에는 지나치게 억압하고 계급 간 갈등을 빚는다. 이 단계는 여러 목적을 고려하고, 경제 외 관점에서 볼 때, 신분제 단계라고 이름 붙일 수도 있을 것이다. 이 단계에서 사람들이 어떻게 관계를 맺고 어떤 정신적 자세를 하고 있는지는 신분이라는 용어로 잘 요약할 수 있기 때문이다. 하지만 전반적인 생산 방법을 특징지을 뿐 아니라 경제가 진화하여 이 시점에 이르렀을 때 산업 발전이 어떤 경향을 따르는지 나타내는 설명용어로는 '준평화적'이라는 표현이 더 나아 보인다. 서구 문화권 공동체는 이런 경제 발전 단계를 이미 과거에 지났을 것이다. 다만 눈에 띄는 소수 공동체에서는 야만 문화 특유 사고방식이 타격을 받았긴 하되 상대적으로 덜 분해됐다.

※ **3**
과시적 소비: 여성, 사치재, 감정

대리 여가 계급이 진화하고 전체 노동자 계급에서 분화하는 현상에 관해 '준평화적'이라는 표현이 더 세분됐다고 언급했다. 주로 대리 여가를 업으로 삼았던 일부 하인 계급은 새롭고 부수적인 의무인 재화를 대리 소비하는 일에 착수한다. 가장 명백한 소비 방식은 제복을 입고 넓은 하인용 공간을 사용하는 데서 찾을 수 있다. 그 못지않게 눈에 띄거나 효과적이며, 훨씬 일반적인 대리 소비 방식으로는 귀부인이나 가정 내 나머지 특권층이 식품과 옷, 주택, 가구를 구매하는 일을 들 수 있다.

하지만 귀부인이 등장한 때보다 훨씬 앞선

경제 진화 시점에서부터 금력이 있다는 증거로서 전문적으로 재화를 소비하는 일은 이미 어느 정도 정교한 체계 내에서 진행되기 시작했다. 심지어 금력이라고 불러도 좋을 만한 것들이 등장하기 훨씬 이전부터 소비는 분화하기 시작했다. 소비 분화는 포식성 문화 초기 단계까지 추적해 올라갈 수 있으며, 어떤 이는 포식성 생활이 시작되는 배후에 이 같은 소비 분화가 있다고까지 제안한다. 이렇게 맨 처음 재화 소비가 분화하는 방식은 대체로 의례적인 특징을 띤다는 점에서 훗날 등장하며 우리에게도 매우 친숙한 분화 방식과 흡사하지만, 후자와는 달리 축적된 부의 차이에 기반을 두지 않는다는 점에서 다르다. 부의 증거로서 소비가 지니는 효용은 부가적으로 발달했다고 볼 수 있다. 사람들 사고방식 속에 이전부터 존재하며 확고하게 자리 잡았던 차별이 도태 과정을 거치며 새로운 목표를 지양하게 된 데 적응한 것이다.

    포식성 문화 초기 단계에서 유일하게 나타나는 경제적 차별에 의하면 크게 나누어 한편에는 건장한 남성으로 구성된 명예롭고 우월한 계급이 있고 다른 한편에는 노동하는 여성으로 구성된 비천하고 열등한 계급이 있다. 당시 실제로 이상적이게 여기던 생활에 따르면 남성의 직무는 여성이 생산한 것을 소비하는 것이다. 여성은 자기 일에 수반되는 선에서만 이런 소비를 하는데, 자기가 편안하고 만족스럽게 살려고 소비하는 것이 아니라 노동을 이어가기 위해서만 소비한다. 재화를 비생산적으로 소비하는 일은 명예로운데, 첫째로 용맹함을 나타내는 표시이자 인간 존엄성에 따르는 특권이기 때문이며, 둘째로 그 행위 자체, 특히 더 가치 있는 물건을 소비하는 일이 근본적으로 명예로 워졌기 때문이다. 따라서 여성과 아이는 엄선한 음식은 물론 대개 희귀한 장식품조차도 소비하는 것을 금지당했으며, 이런 금기는 혹시 있을지 모를 비천한 노예 계급 남성에게도 적용됐다. 문화가 더 발달하면 이런 금기는 어느 정도 엄격한 성질이 있으면서도 단순한 관습으로 바뀔지 모르지만, 어떤 이론적 근거가 남아있는 차별을 지지하든, 금기에 근거했든 더 넓게는 인습에 근거했든, 전통적인 소비 형태는 쉽게 바뀌지 않는다. 노예를 재산으로 여기는 기본 제도와 함께 산업이 준평화적인 단계에 이르렀을 때 다소 엄격하게 작용하는 일반 원칙에 따르면 비천하고 근면한 계급은 오직 생계에 필요한 만큼만 소비해야 한다. 세상일이 보통 그렇듯 사치재나 생활을 편리하게 만들어주는 물건은 유한계급이 소유한다. 이런 금기 하에서는 어떤 음식과 특히 어떤 음료는 우월한 계급만 이용하는 용으로 엄격하게 구분된다.

식단을 의례적으로 차별하는 현상은 주류와 마약을 이용하는 상황에서 가장 잘 나타난다. 이런 소비품은 값이 비쌀 때, 고귀하고 명예롭다는 느낌을 준다. 따라서 이런 자극제를 저렴한 가격에 구할 수 있는 나라들을 제외한 곳에서 비천한 계급, 주로 여성은 이런 식품에 대한 욕구를 억누르길 강요받는다. 고대부터 가부장제가 존재하는 전체기간 동안 이런 사치품을 준비하여 대접하는 것은 여성이 하는 일이었으며, 사치품을 소비하는 것은 상류층에서 태어나 소양을 갖춘 남성의 특권이었다. 그러므로 이런 자극제를 방종하게 사용함으로써 술에 취하거나 다른 병적인 결과를 얻는 일은 결국엔 명예로운 일이자 그 사람이 이런 방탕한 행동을 할 수 있을 만큼 우월한 지위에 있음을 간접적으로 표시하는 일이 될 것이다. 일부 사람들은 지나치게 방탕하게 행동하다 얻은 질환을 아무렇지 않게 남성스러운 특성으로 여긴다. 여기서 유래한 어떤 신체 질환명은 일상 대화로 침투하여 '고귀함'이나 '상류층'의 동의

어가 되는 일마저 벌어졌다. 값비싸게 비행을 저지르고 얻은 증상이 우월한 지위를 나타내는 표시라며 관습적으로 인정받고, 그로 인해 미덕이 되고 공동체에서 존중을 받는 상황은 문화가 상대적으로 이른 단계에 있을 때만 벌어진다. 그러나 비용이 많이 드는 특정 비행에 붙는 명성은 오랫동안 그 영향력 대부분 유지하며, 부유하거나 귀족 계급 남성이 과도한 탐닉 행위를 일삼으면서 불러일으키는 반감을 눈에 띄게 억누른다. 현재 여성과 소수자, 열등한 사람은 이런 모든 탐닉행위를 허락받지 못하는데, 여기에는 이 같은 부당한 차별이 힘을 보탠다. 이런 부당하고 전통적인 차별은 오늘날 더 진보한 사람들 사이에서조차 효력을 잃지 않았다. 유한계급이 설정한 모범 사례가 여전히 권위를 발휘하며 인습을 통제하는 곳에서는 상당수 여성이 여전히 같은 전통에 따라 자극제를 자제하는 모습을 볼 수 있다.

명망 높은 계급 여성이 자극제 사용을 더 많이 자제한다고 특징짓는 것은 상식을 포기하면서 논리를 과도하게 정제하는 일처럼 보일지도 모른다. 그러나 알고자 하면 쉽게 찾을 수 있는 사실에 따르면 여성이 더 많이 금욕하는 이유는 권위적인 인습을 존중하는 탓도 있으며, 이런 인습이 전반적으로 가장 강한 곳은 여성을 소유물로 여기는 가부장제 전통을 가장 엄격하게 유지해온 곳이다. 특정 범위에서 엄밀하게만 해당했지만, 아직도 의미를 잃지 않은 관념 속에서, 이 전통이 말하는 바에 따르면 여성은 소유물이며, 생존에 필요한 만큼만 소비해야 하는데, 다만 주인이 편안함을 누리거나 더 훌륭한 명성을 얻는 데 도움이 된다면 그 이상으로 소비할 수 있다. 진정한 의미에서 사치재를 소비한다는 것은, 소비자 자신이 안락하기 위해 소비한다는 것이며, 따라서 주인을 식별하는 표시가 된다. 다른 사람은 허락을 구했을 때만 이런 소비를 할 수 있다. 대중적인 사고방식이 철저하게 가부장제 전통을 따르는 공동체에서는 그만큼 사치재에 대한 금기가 남긴 흔적이 보일 수도 있는데, 그 범위는 적어도 자유가 없고 종속된 계급이 사치재를 사용하는 것을 전통적으로 반대했던 정도는 될 것이다. 특정 사치재, 특히 종속된 계급이 사용할 경우 주인이 누리는 편리함이나 쾌락이 현저하게 떨어지거나 다른 이유에서 종속된 계급이 정당하게 사용할 만하지 않다고 생각되는 사치재는 이런 경향에 특히 잘 부합한다. 서구 문명에 사는 매우 보수적인 중산층 계급이 생각하기에 이런 다양한 자극제를 사용하는 일은 상기 반대 사유 중 둘은 아니더라도 적어도 하나에는 부딪힐 수밖에 없으며, 지나치기에는 너무나도 중요한 사실에 따르면, 특히 가부장제 성격을 띠는 관념이 강하게 남아있는 게르만 문화Germanic culture 중산층 계급에서는 여성에게 마약 및 주류와 관련한 조건부 금기를 심각하게 적용한다. 많은 단서가 붙긴 하지만-가부장제 전통이 점차 쇠퇴하면서 더 많은 단서가 생겨났지만-옳으며 구속력 있는 일반 규범에 따르면 여성은 오직 주인에게 이로운 것만 소비해야 한다. 물론 여성이 의복과 가재도구에 지출하는 일은 이 규칙을 명백히 벗어난다고 반박할 수도 있지만, 결국엔 이런 예외마저도 본질적이기보다는 상당히 표면적이라는 점이 드러날 것이다.

이른 경제발전 단계에서 재화를 인색하지 않게 소비하는 일, 특히 더 품격 높은 재화를 소비하는 일이란 이론상으로는 최저 생활에 필요한 만큼을 넘어서는 모든 소비를 뜻하며, 보통 유한계급과 관계가 있다. 이후 평화적인 단계에 이르러 재화의 개인 소유권이 생기고 산업체계가 임금 노동자나 소규모 가정경제를 기반으로 하게 되면, 적어도 공식적으로는 이런 제약도 사라지는 경향이 있다. 그러나 이 원칙은 일찍이 준평화적인 단계에서 관습법적 효력을 갖추었으며, 이때 형태와 일관성을 갖췄던 전통을 통해 유한계급제도는 후기 경제생활에 영향을 미쳤다. 이 원칙은 소비할 때 따라야 하는 기준이 되었으며, 여기서 눈에 띄게 이탈하는 소비는 예법을 벗어난 것으로 취급받아 더 크게 발전하기 전에 제거해야 하는 일이 되었다.

그리하여 준평화적인 유한계급 남성은 생존하고 신체 효율을 유지하기에 최소한으로 필요한 만큼보다 양식을 더 많이 소비할 뿐 아니라, 소비재 품질을 전문적으로 따지며 소비하기 시작한다. 가장 좋은 식품과 음료, 마약, 주택, 용역, 장신구, 의복, 무기와 장비, 오락거리, 부적, 우상이나 신성을 자유롭게 소비한다. 소비 품목이 점차 개량을 거치는 과정에서 혁신을 일으키는 원칙이자 그를 통해 이루려는 직접적인 목표는 당연히 사람이 편리하고 행복하자고 개선하여 더 정교하게 다듬은 제품을 더 효율적으로 만드는 것이다. 그러나 효용이 높아서만 소비하는 것이 아니다. 평판 규범이 가까이 있으므로 그 기준에 맞춰 존속할 수 있는 혁신만을 이용하기 때문이다. 더 훌륭한 재화를 소비하면 부유함을 증명할 수 있으므로 명예로운 일을 한 셈이지만, 적절한 품질의 재화를 적절한 양만큼 소비하지 못하면 열등하고 결점 있다는 낙인을 얻는다.

식품, 음료 등이 얼마나 질적으로 훌륭한지 꼼꼼하게 차별하기 시작하면서, 머지않아 생활 예절뿐 아니라 유한계급 남성이 하는 훈련과 지적 활동도 그 영향을 받는다. 유한계급 남성은 이제 성공했고 공격적인 남성, 즉, 강하고, 부유하고, 용감한 사나이기만 해선 안 된다. 망신당하지 않으려면 안목을 길러야 하는데, 이제는 소비재가 고귀한지 천박한지를 다소 자세하게 구분할 의무가 생겼기 때문이다. 그리하여 훌륭한 식품에 담긴 장점이 얼마나 큰지 판별하고, 남성용 음료와 싸구려 장신구, 점잖은 의복과 건축양식, 무기, 경기, 무용수, 마약을 판별하는 감정가가 된다. 이렇게 심미안을 키우려면 시간을 들여 노력해야 하며, 따라서 상류층 남성은 이런 요구를 받음으로써 여가생활을 누리길 포기하고, 표면적인 여가를 적절히 누리며 사는 법을 배우는 일에 어느 정도 열심히 몰두하는 경향이 있다. 상류층 남성은 올바른 재화를 자유롭게 소비해야 한다는 조건과 밀접하게 관련하여, 재화를 적절한 예절에 맞춰 소비할 수 있어야 한다는 조건도 지켜야 한다. 즉, 예법에 맞게 여가생활을 해야 한다. 따라서 앞 장에서 지적했던 방식으로 훌륭한 예절이 생긴다. 교양있는 예절과 생활방식은 과시적 여가와 과시적 소비를 판단하는 기준에 순응하기 위한 항목이다.

    유한계급 남성에게 가치 있는 재화를 과시

적으로 소비하는 일은 좋은 평판을 얻는 방법이다. 부가 수중에 쌓일수록, 혼자 노력하는 것은 과시적 소비를 통해 부유함을 증명하는 데 충분히 도움이 되지 않을 것이다. 따라서 친구와 경쟁자에게 귀중한 선물을 주거나 값비싼 성찬 및 연회를 베푸는 방식에 의지하여 도움을 받는다. 선물과 성찬은 어쩌면 순수하게 과시하는 일과는 무관하게 탄생했을 수도 있지만, 매우 일찍부터 과시 목적으로 사용하기에 유용했으며, 그 성질을 오늘날까지 유지하고 있다. 과시용으로도 효용이 있다는 사실은 이미 오래전부터 선물과 성찬이라는 관습을 뒷받침하는 본질적인 근거가 되었다. 축하연이나 무도회처럼 비용이 많이 드는 연회는 특히 과시하려는 목적에 맞춰 개량됐다. 따라서 연회 주최자가 겨뤄보고자 하는 경쟁자는 이 목적을 이루기 위한 수단이 된다. 경쟁자는 주최자 대리로 소비하는 동시에, 주최자 혼자서는 처리할 수 없을 정도로 과도하게 많은 사치재가 소비되는 장면을 목격하고, 주최자가 숙련된 예의를 갖춘 모습까지 목격한다.

물론 더 친절한 목적으로도 값비싼 연회를 벌인다. 축일에 모이는 관습은 아마 주흥과 종교 관련 동기에서 유래했을 것이다. 이런 동기는 이후 발달을 거치면서도 눈에 띄지만, 유일한 동기로 남지는 않는다. 오늘날 유한계급은 아마 낮게는 종교적으로 필요해서, 높게는 유흥과 술잔치가 필요해서 축제와 연회를 계속 벌일 테지만, 여기에는 부당한 동기도 있는데, 그렇더라도 더 공언하기 좋은 동기에 그럴듯하게 정당한 이유를 붙임으로써 효과적으로 부당한 목적을 달성한다. 따라서 재화를 대리 소비하거나 어렵고 비싸게 익힌 예절을 선보이는 데 이런 사회적 오락거리가 미치는 경제적 효과는 줄어들지 않는다.

부가 쌓임에 따라 유한계급의 기능과 구조

도 발달하며, 따라서 계급 분화가 일어난다. 계급 및 지위를 구성하는 체계는 정교하다. 부가 대물림 되고 그 결과 상류계급이 대물림 되면서 이런 분화는 더 빨라진다. 높은 계급을 상속받으면 여가생활을 해야 할 의무도 상속받는데, 높은 계급을 상속받아 여가생활을 누리기에 충분한 권력이 있음에도 위엄있는 여가생활을 유지하는 데 필요한 부는 함께 상속받지 못한 사람도 있을 것이다. 아마 명성을 날리며 편하고 자유롭게 소비하기에 충분한 재산이 없어도 상류층 혈통은 유전될 것이다. 그 결과 무일푼 유한계급 남성으로 구성된 계급이 생긴다. 이런 반쪽짜리 유한계급 남성 역시 위계 체계에 편입된다. 태생이 좋거나 재산이 많거나 두 가지 모두에 해당하는 사람은 부유한 유한계급 중에서도 지위가 높으며, 혈연이 약하고 금력이 적은 사람은 그보다 신분이 낮다. 이렇게 지위가 낮은, 특히 무일푼이거나 간신히 신분을 유지하는 유한계급 남성은 의탁하거나 충성하는 체계를 이용하여 지위가 높은 사람과 제휴를 맺으며, 이렇게 함으로써 후견인에게 도움을 받아 평판을 높이거나 여가생활을 꾸려갈 방법을 얻는다. 그리하여 후견인을 모시는 신하나 가신이나 하인이 되는데, 후견인에게 교육받고 도움받음으로써 후견인의 지위를 표시하는 색인이자 후견인의 넘치는 재산을 사용하는 대리 소비자가 된다.

 이렇게 예속된 유한계급 남성의 다수는 적게나마 자기 명의의 자산이 있으므로, 대리 소비자로 평가받지 못하거나 부분적으로만 평가받기도 한다. 그러나 이들 대다수는 후원자의 가신이나 식객이라는 점에서 대리 소비자로 분류해도 무방할 것이다. 그리고 결과적으로 이런 많은 남성과 지위가 낮은 여타 귀족 다수 역시 부인과 자녀, 하인, 부하 등의 모습을 한 포괄적인 대리 소비자 집단을 자기 신변에 귀속시킨다.

    이런 차등적 대리 소비 및 대리 여가 체계를 관통하는 규칙에 따르면, 대리 여가나 대리 소비를 수행할 때는 이 여가나 소비가 귀속돼 있고 그 결과 훌륭한 평판을 얻을 권리가 있는 주인이 누구인지 명백하게 가리키는 방법이나 상황을 이용하거나 휘장을 달아야 한다. 주인이나 후견인 측에서 볼 때 이런 대리 소비와 대리 여가는 명성을 높이기 위한 투자를 나타낸다. 이러한 점은 성찬이나 후한 기부금과 관련해서도 분명히 확인할 수 있으며, 이를 통해 주최자나 후원자는 대중들 사이에서 유명세를 누리며 즉각 좋은 평판을 얻는다. 심복과 가신이 대리로 여가와 소비를 수행하고 그 결과 후견인이 명성을 얻는 현상은 심복과 가신이 후견인 근처에 거주하고 있어서 재원이 누구인지 모든 사람이 분명하게 볼 수 있는가에 영향을 받는다.

이런 식으로 높은 자존심을 유지하는 집단이 커지면, 여가를 수행하여 얻은 가치가 누구에게 귀속되는지 더 명백하게 나타낼 방법이 필요하며, 이 목적을 이루기 위해 제복과 배지, 정복이 유행한다. 제복이나 정복을 입는다는 것은 상당히 종속된 상태임을 암시하며, 진실이든 표면적으로든 노예 상태에 있다고까지 말할 수 있을지 모른다. 제복과 정복을 입는 사람은 크게 자유민과 노예로 나누거나 고귀한 자와 비천한 자로 나눌 수 있다. 마찬가지로 이들이 제공하는 용역 역시 고귀한 것과 비천한 것으로 나눌 수 있다. 물론 실제로는 이런 구분이 엄격하게 일관적으로 나타나지 않는다. 덜 하찮은 비천한 봉사와 덜 명예로운 고귀한 직무를 같은 사람이 수행하는 일이 드물지 않기 때문이다. 그렇다고 해서 전반적으로는 경계가 존재한다는 점을 간과하면 안 된다. 다소 당혹스러울지도 모르는 사실을 이야기하자면, 용역을 제공할 때 표면적으로 나타나는 성질에 따라 고귀하고 비천하고를 나누는 일차적인 구별법은 봉사 받고 정복을 제공하는 상류층이 명예롭고 모욕적이고를 나누는 이차적인 구별법과 교차한다. 따라서 정당한 유한계급이 수행하는 직무는 당연히 고귀한 것이며, 정치, 전투, 사냥, 무기와 장비를 돌보는 일 등과 같이 표면상 포식성을 띤다고 분류할만한 일을 그 예로 들 수 있다. 반면 근면한 계급 몫으로 남는 일은 비천한 것이며, 수공예나 여타 생산 노동, 하찮은 용역 등이 여기에 해당한다. 하지만 천한 용역을 제공하더라도 지위가 매우 높은 사람을 위해 하는 일이면 아주 명예로운 직무가 될 수도 있는데, 예를 들어 왕실 여관, 여왕의 시녀, 왕의 말이나 사냥개를 관리하는 사육사가 하는 일이 그렇다. 마지막에 언급한 직무는 어떤 일반적인 관계가 따르는 원칙을 시사한다. 방금 예시한 사례에서와 마찬가지로 해당 용역이 천하더라도 근본적인 여가에 해당하는 전투 및 사냥과 직접 관계가 있다면, 명예로운 특성을 반영하기 쉽다. 이런 식으로 그 자체의 성질은 천한 축에 속하는 일에도 훌륭한 명예가 따라온다.

이후 평화로운 산업이 발달하면, 생산 활동은 하지 않고서 제복을 입고 있는 병사를 고용하는 관습은 차차 사라진다. 종속된 사람이 후견인이나 주인을 상징하는 휘장을 달고 대리 소비를 하는 일은 점점 사라지다가 정복을 입고 천한 일을 하는 사람 몫으로만 남는다. 따라서 이런 경향이 심해지면, 정복은 노예 상태나 더 정확히는 굴종 상태를 나타내는 증표가 된다. 무장한 가신이 입는 정복에는 늘 어떤 명예로운 특징이 따랐지만, 천한 일을 하는 사람만 정복을 입게 되면서 이런 명예로운 특징도 사라졌다. 정복을 입어야 하는 사람 대부분은 정복을 아주 불쾌하게 여기게 된다. 그러나 아직 우리는 실질적인 노예 상태에서 거의 벗어나지 못했으며, 여전히 우리를 노예로 만들려는 자극에 매우 취약하다. 기업이 자사 직원을 구별하기 위해 입도록 지시한 정복이나 제복을 향해서도 이런 반감이 나타낸다. 우리나라에서는 정복이나 제복을 입어야 하는 정부 인력, 군인, 행정관의 평판이 다소 애매한 방식으로 하락할 만큼 정복이나 제복을 혐오한다.

노예 신분이 사라지면서 상류층 남성 한 명에게 따라붙는 대리 소비자 수는 대체로 감소하는 경향이 있다. 상류층 남성을 위해 대리 여가를 보내는 하인 수 역시 마찬가지 경향을 보이며 어쩌면 그 정도가 더 심할 수도 있다. 전적이거나 일관적으로는 아니어도 전반적으로 볼 때 이 두 집단은 유사하다. 이 의무를 처음 위임받는 하인은 부인이나 정실부인이며, 예상했겠지만 이후 제도가 발달하여 이 의무를 전통적으로 수행하는 사람의 수가 차츰 줄어들 때도 부인은 마지막까지 남는다. 사회적 지위가 높으면 대리 여가와 대리 소비가 대량으로 필요하며, 이때 부인은 당연히 계속해서 수많은 하인 도움을 받아 의무를 수행한다. 하지만 사회계급을 따라 내려오다 보면 머지않아 대리 여가 및 소비라는 의무를 아내 혼자에게 맡기는 지점에 이른다. 서구 문화권 공동체에서는 현재 하위 중산층에서 이 지점을 발견할 수 있다.

여기서 흥미로운 역전현상이 발생한다. 흔히 목격할 수 있는 사실에 의하면 이 하위 중산층에서는 가장이 여가라는 겉치레를 하지 않는다. 상황이 여의치 않아 여가를 포기했기 때문이다. 하지만 중산층 부인은 남편과 주인이 명성을 얻을 수 있도록 여전히 대리 여가라는 직무를 수행한다. 모든 현대 산업 공동체에서는 사회계급이 아래로 내려갈수록 가장이 누리는 과시적 여가가 상대적으로 중요한 시점에 사라진다. 경제 상황 때문에 중산층 가정 가장은 이

전과는 달리 대체로 산업적인 성격을 띠는 직업에 종사하며 생계를 꾸려야만 했다. 오늘날 평범한 회사원과 마찬가지로 말이다. 그러나 부인이 수행하는 대리 여가와 소비는 물론 하인이 보조적으로 수행하는 대리 여가는 관습으로서 여전히 성행하고 있으며, 좋은 평판을 추구하는 이 관습은 쇠퇴하지 않을 것이다. 부인이 남편을 위해 당대 상식이 요구하는 정도에서 올바른 형태로 대리 여가를 수행할 수 있도록 남편이 최대한 성실하게 일하는 광경은 드물지 않게 볼 수 있다.

이때 부인이 누리는 여가는 단순히 나태하다거나 게으르다는 것을 보여주는 징후가 물론 아니다. 부인은 거의 변함없이 여가를 일이나 가사나 사교라는 형태로 포장하는데, 결국 이런 활동은 부인이 돈을 벌거나 자산을 운용하는 데 몰두하고 있지 않음을 보여주며 그 외 숨은 목적은 거의 추구하지 않는다. 예절이라는 주제에서 이미 눈치챘다시피, 중산층 가정주부가 시간과 노력을 쏟는 관습적인 가사 영역 대부분은 예절과 같은 특성이 있다. 장식하고 청소하는 등 집안일에 집중한 결과가 중산층 예의범절을 훈련받은 남성이 생각하기에 못마땅하다는 것이 아니라, 집안을 장식하고 정리한 결과에 매력을 느끼는 취향은 헛되이 노력했음을 증명해야 하는 예의범절을 선별적으로 따르며 형성한 취향이라는 것이다. 그 결과가 보기 좋은 이유는 주로 우리가 그것을 좋게 느끼도록 배웠기 때문이다. 가사 일을 하면, 형태와 색을 적절하게 조화시키고, 말 그대로 심미적이라고 분류할 수 있는 여타 목적을 이루길 갈망하기 시작하며, 때로는 그 결과물이 상당한 미학적 가치를 얻기도 한다. 여기서 주장하는 전반적인 내용에 따르면, 이런 생활 편의와 관련하여 가정주부는 전통에 따라 노고를 들이는데, 이 전통은 시간과 재물을 과시적으로 헛되이 사용해야 한다는 법칙에 근거하여 탄생했다는 것이다. 만약 아름다움이나 편리함을 얻었다면, 헛된 노력의 위대한 경제법칙을 적용한 수단과 방법을 사용하여 얻었을 것이다. 중산층 가정용품 중에서 더 평판이 좋은, '남에게 선보일만한' 부분에는 한편으로는 과시적으로는 구매한 용품이 있고 다른 한편으로는 가정주부가 수행한 대리 여가를 증명할 수 있는 기구가 있을 것이다.

부인이 대리 소비를 해야 한다는 요구는 대리 여가를 요구하기에는 금전 규모가 작을 때조차 계속해서 효력을 발휘한다. 의례적인 청결함 등과 같이 헛된 노력을 들인 겉치레를 거의 볼 수 없게 되기 직전이며, 고의로 표면적인 여가를 누리려는 시도조차 할 수 없는 수준에서도, 체면을 유지하려면 가정과 가장이 좋은 평판을 들을 수 있도록 부인이 재화를 과시적으로 소비해야 한다. 따라서 고대 제도가 이렇게 진화하여 현대에 내놓은 결과물에 따르면, 현실에서도 이론적으로도 처음에는 허드렛일을 하는 일꾼이자 남성의 소유물이면서 남성이 소비하는 재화의 생산자였던 여성은 이제 남성이 생산하는 재화를 의례적으로 소비하게 되었다. 하지만 이론상으로 여성은 여전히 명백하게 남성의 소유물로 남아있는데, 대리 여가 및 소비를 일상적으로 수행한다는 것은 여전히 자유롭지 않은 하인임을 나타내는 표시이기 때문이다.

중산층과 하류층 가정에서 수행하는 이런 대리 소비가 유한계급 생활양식을 직접 표현한다고 여길 수는 없는데, 금전적으로 이 계급에 속하는 가정은 유한계급에 속하지 않기 때문이다. 여기서 유한계급 생활양식은 간접적으로 나타난다. 명성 측면에서 유한계급은 사회 구조 꼭대기에 서 있으며, 따라서 유한계급의 생활방식이나 가치 기준은 공동체에서 좋은 평판을 얻는 기준이 된다. 유한계급 아래에 있는 계급은 모두 이런 기준을 상당히 정확하게 의무적으로 준수해야 한다. 현대 문명화된 공동체에서는 사회계급 간 경계선이 모호하고 가변적으로 되었으며, 이런 상황에서 유한계급이 도입한 평판 기준은 사회 구조 최하층까지 강압적인 영향력을 거침없이 확대한다. 그 결과 각 계층 구성원은 바로 위 계층에서 유행하는 생활양식을 이상적인 예절로 받아들였으며, 그 이상에 맞춰 살기 위해 온 힘을 쏟았다. 여기에 실패하면, 좋은 명성과 자존감을 고통스럽게 빼앗기므로, 적어도 겉으로만은 널리 인정받는 규범을 따라야 한다.

고도로 조직된 산업 공동체에서 훌륭한 평판은 결국 금전적인 우월함에 근거하며, 금력을 과시하면서 훌륭한 평판을 얻거나 유지하는 방법은 여가를 보내고 재화를 과시적으로 소비하는 것이다. 그래서 이 두 가지 방법은 될 수 있는 한 가장 낮은 계급에서까지 성행하며, 낮은 계급에서 이 방법들을 사용할 때는 그 직무 대부분을 아내와 자녀들이 수행했다. 부인이 표면적으로조차 전혀 여가를 누릴 수 없게 된 더 낮은 계급에서도 여전히 재화를 과시적으로 소비하며 그 일은 부인과 자녀가 수행한다. 가장 역시 이런 식으로 행동할 수 있으며 흔히들 그렇게 하지만, 슬럼가 가장자리에 사는 극빈층 수준까지 내려가면 남성은 물론 머지않아 그 자녀들 역시 체면치레용으로 가치 있는 재화를 구매하길 사실상 중단하며, 부인만이 남아서 가정이 금전적으로 남부끄럽잖다는 것을 대변한다. 어떤 사회계급도, 심지어 가장 비참하게 가난한 계급조차, 관습에 따른 과시적 소비를 전적으로 포기하지 않는다. 생계가 지독히 어렵지 않은 한 과시적 소비 범주에 속한 마지막 용품을 포기하는 일은 없다. 불결하고 불편한 상황을 상당히 많이 견디고 나서야, 금전적 체면을 지키는 데 필요한 마지막 장신구나 겉치레를 치워버릴 것이다. 어떤 계급이나 나라도 이 고차원적이거나 정신적인 욕구를 충족시키길 포기하면서까지 신체적 욕구가 주는 압박에 비굴하게 항복하지 않는다.

4
취향 규범: 화초와 애완동물

    일상생활에서 볼 수 있는 여러 흥미로운 사례들을 살펴보면, 쓸모있는 물품에 금전적 미의 기준 적용하는 방식이 계급마다 어떻게 다른지 뿐 아니라, 금전적 명성을 얻는 데 필요한 조건을 익히지 않은 감각에 비해 전통적인 미적 감각이 어떻게 다르게 표현되는지 알 수 있다. 여기에 해당하는 사실로 잔디밭이나 풀을 바짝 깎은 뜰과 공원이 있는데, 서구사람 취향에 정말로 잘 맞는다. 공동체 일원 대부분이 장두에 금발dolicho-blond을 하고 있을 때 여기에 속한 부유층 취향에 특히 나 잘 맞는 것처럼 보인다. 잔디밭은 명백하게 지각할 수 있는 물체로서 분명 감각을 자극하는 미적 요소를 지녔고, 의심할 나위 없이 거의 모든 민족 계급의 눈에 매력적으로 보이지만, 어쩌면 여타 대부분의 인종보다는 장두에 금발을 한 민족의 눈에 더 확실하게 아름다워 보일 수도 있다. 장두에 금발을 한 민족이 유달리 탁 트인 잔디밭을 높이 평가한다는 사실은 이 민족이 지닌 다른 기질과 더불어 이들이 한때 기후가 습한 지역에서 오랫동안 유목 생활을 했음을 나타낸다. 잘 보존한 목초지나 방목지를 떠올리면 금세 즐거워지는 취향을 물려받은 사람들이 보기에 풀을 바짝 깎은 잔디밭이 아름답게 느껴질 것이다.

    미학적 취지에서 봤을 때 뜰은 소 방목지를 나타내며, 오늘날 제반 환경이 사치스러워 절약이 필요 없는 일부 사례에서는 잔디밭이나 사유지에 소를 풀어놓음으로써 장두에 금발을 한 사람들의 전원시를 복구한다. 이런 곳에는 보통 비싼 품종의 소를 사용한다. 소는 검소함이라는 비천한 인상을 주기 마련이어서 장식용으로 쓰기에는 꺼려지는 부분이 있다. 따라서 호화로운 환경이 이런 인상을 지워주는 곳을 제외하면, 미적 만족을 위한 물체로 소를 사용하는 일은 피해야 한다. 특정 동물로 목가적인 분위기를 채우고 싶은 욕구가 억누르기 힘들 때는 사슴이나 영양이나 어떤 이국적인 짐승을 다소 부적당하긴 해도 흔히 소 대신 이용한다. 목가적인 서구인이 보기에 이런 대안은 소보다 덜 아름답지만, 소보다 훨씬 비싸거나 쓸모없으며, 그 결과 명성을 얻을 수 있어서 선호한다. 이런 동물들은 수익성이 있다는 천박한 기색을 보이지 않거나 실제로도 그렇다.

공원도 물론 잔디밭과 같은 부류에 속하는데, 기껏해야 목장을 모방한 것일 뿐이라는 점에서 그렇다. 이런 공원 역시 동물을 방목하는 것이 가장 좋으며, 잘 손질한 목장을 한 번이라도 본 적 있는 사람이라면 소 떼가 있는 것만으로도 풀밭이 더 아름다워진다는 것을 말 안 해도 안다. 주목할 만한 점은 대중 취향에 들어있는 금전적 요소를 표현한다고 할 때, 보통 이런 식으로는 공유지를 관리하지 않는다는 것이다. 훈련받은 관리자가 감독하는대로 숙련된 일꾼이 가장 좋은 결과를 낸다면 목초지를 유사하게 모방하기도 하지만, 그 결과에는 늘 목초지가 주는 예술적 효과가 다소 부족하다. 하지만 일반 대중이 생각하기에 소 떼는 저렴하고 유용하다는 인상을 명백하게 주기 때문에 공원에 소 떼가 있으면 견딜 수 없을 만큼 격이 떨어진다. 이런 식으로 공원을 관리하면 상대적으로 비용을 절약하게 되고 따라서 상스러운 인상을 준다.

이런 일반적인 의도는 공원의 또 다른 특징에서도 나타난다. 소박하고 투박하게 실용적인 면모를 가장한 채, 사치스러운 광경을 부자연스럽게 전시하는 것이다. 관리자나 주인이 중산층 생활 습관이나 이제는 사라지고 있는 세대가 어린 시절을 보낼 무렵까지 존재했던 상류층 전통에 영향을 받아 취향을 형성했다면, 개인 뜰 역시 마찬가지 인상을 준다. 현대 상류층의 교양있는 취향에 맞춘 공원에서는 이런 특징이 눈에 띄게 드러나지 않는다. 과거와 현대 교양있는 세대가 이렇게 다른 취향을 가지고 있는 이유는 경제 상황이 변하고 있기 때문이다. 유원지에 대한 보편적인 관념뿐 아니라 다른 부분에서도 비슷한 차이를 감지할 수 있다.

다른 대부분의 나라와 마찬가지로 이 나라에서 지난 반세기 동안 절약하지 않아도 될 만큼 부유했던 인구는 극소수이다. 연락 수단이 불완전했기 때문에 이 소수 사람은 곳곳에 흩어져 있었고 서로 효과적으로 연락을 취하지도 못했다. 따라서 값이 비싼지 여부와 상관없이 취향을 가꿀만한 기반이 없었다. 수준 높은 취향을 가진 사람들은 아무런 제제 없이 절약이라는 비천한 일을 거부했다. 저렴하거나 검소한 환경에서 세련되지 않은 미적 감각이 우발적으로 튀어나와도 생각이 비슷한 다수 사람이 부여하는 '사회적 승인'은 받을 수 없었을 것이다. 따라서 상류층은 유력한 의견을 제시하며 땅을 저렴하게 관리할 수도 있다는 증거를 너그럽게 봐주지 않았을 것이며, 그 결과 유한계급과 하위 중산층이 이상적으로 생각하는 유원지 모습에도 주목할 만한 차이가 없었다. 두 계급이 모두 금전과 관련된 불명예가 생길까 두려워하며 똑같이 관념을 형성했기 때문이다.

오늘날에는 그 이상이 분명하게 차이 나기 시작했다. 한 세대 이상 일을 하지 않고 금전 관리도 하지 않았던 유한계급은 이제 취향과 관련하여 여론을 형성하고 유지할 수 있을 정도로 늘어났다. 유한계급의 구성원은 계급 내에서 '사회적 승인'을 얻을 수 있게 되었을 뿐 아니라 더 쉽게 이동할 수 있게 되었다. 이 선택받은 계급에서는 절약하지 않는 일이 매우 흔한데, 금전상 체면을 유지하기 위한 토대로서는 그 효용을 상당 부분 잃어버릴 정도였다. 따라서 오늘날 상류층의 취향 규범은 비용을 많이 들였음을 끊임없이 보여주고 절약하는 모습을 철저하게 배제해야 한다고 그토록 일관적이게 주장하지는 않는다. 따라서 이렇게 사회적이고 지적인 수준이 높은 사람들 사이에서는 소박하고 '자연스러운' 공원과 뜰을 매우 좋아하는 성향이 나타난다. 이런 성향은 대부분 제작본능이 표출된 것이며 그렇게 탄생한 결과에서는 일관성이 다양하게 나타난다. 이런 성향은 완전히 독립적이지는 않으며, 때로는 앞서 언급했던 소박하게 가장한 모습과 크게 다르지 않은 결과를 내기도 한다.

투박하고 쓸만하게 부자연스러운 장치를 지나치게 좋아한다는 사실은 중산층에게도 즉석 해서 경제적으로 사용할 수 있는 것을 선호하는 취향이 생겼다는 것을 명백하게 암시하지만, 이런 취향은 여전히 헛된 노력이 평판을 높여준다는 규범에 끊임없이 지배받는다. 결과적으로 유용성을 가장하기 위해 다양한 수단과 방법을 고안하는데, 녹슨 울타리와 다리, 정자, 대형 천막 등처럼 장식 같은 면모를 지닌 부자연스러운 장치를 그 예로 들 수 있다. 어쩌면 경제적 아름다움이라는 관념에 처음 자극받은 시점부터 가장된 유용성이 가장 멀리 분기한 모습은 철제 녹슨 담장과 덩굴용 격자 또는 평평한 땅 위로 빙 돌아가는 주택 진입로에서 확인할 수 있다.

이 선택받은 유한계급은 덩치가 커지면서 최소한 일부 측면에서만큼은 돈을 들여 아름답게 만든, 가짜로 실용적인 변형물을 사용하길 그만뒀다. 그러나 더 최근에 진정한 유한계급에 합류했거나 중산층과 하류층에 속하는 사람들의 취향은 여전히 미학적 아름다움에 금전적 아름다움을 더하길 원하며, 주로 자연스럽게 자랐다는 점에서 아름답다고 칭찬하는 물체조차 마찬가지다.

정원수를 장식용으로 다듬은 작품이나 공유지를 전통적으로 꾸민 화단에 대부분 사람이 몹시 감탄하는 모습에서 이 문제와 관련된 대중적인 취향을 볼 수 있다. 금전적 아름다움이 미학적 아름다움을 지배하는 것이 중산층 취향이라는 점을 보여주는 운 좋은 사례는 최근 선정된 콜럼버스 박람회 Columbian Exposition 부지를 개조하는 데서 찾을 수 있을 것이다. 이 증거에 따르면 표면적으로는 호화로운 전시를 모두 피하는 곳에서조차 좋은 평판을 얻기 위해서는 비싼 비용을 들여야 한다는 조건이 여전히 강한 영향력을 발휘한다. 금전에 기반을 둔 취향 규범에 개의치 않는 사람이 이 부지를 맡았다면, 이 개조공사가 실제로 적용한 예술적 효과와는 상당히 다른 결과를 냈을 것이다. 이 도시에서는 높은 계급까지도 공사과정에 전적으로 찬성했는데, 따라서 이 사례에서는 중산층이나 하류층과 상류층 사이에 취향 차이가 거의 없음을 알 수 있다. 이 금전 문화가 발달한 대표 도시에 사는 사람들은 과시적 낭비라는 위대한 문화원칙을 이탈하길 매우 꺼리는 미적 감각을 갖고 있다.

자연에 대한 사랑은 어쩌면 상류층 취향 규범에서 빌려온 것일 수도 있는데, 때때로 이런 취향이 금전을 기반으로 둔 미적 규범에 따라 예기치 않게 발현되면 분별없는 구경꾼에게는 안 어울려 보이는 결과물이 탄생한다. 예를 들어, 이 나라에서 나무 없는 지역에 나무를 심는다는 널리 인정받은 관습을 명예롭게 지출하는 한 가지 방안으로써 나무가 울창한 지역에까지 적용했는데, 그 때문에 나무가 울창한 시골 마을이나 농장에서 토착종 나무를 벌목하고 곧이어 농장 안마당 가장자리나 길가에 다양한 외

래 변종 묘목을 다시 심는 일이 드물지 않았다. 이렇게 떡갈나무, 느릅나무, 너도밤나무, 버터호두나무, 독미나리, 참피나무, 자작나무가 자라던 숲을 벌목하고, 연질단풍나무, 미루나무, 버드나무를 심었다. 숲을 그대로 두면 비용이 별로 들지 않으므로 장식 용이자 명예를 얻는 용으로 사용하는 품목이 지니는 존엄성을 무시하는 듯한 느낌을 준다.

금전적 명성에 기대어 마찬가지로 널리 퍼진 취향 기준은 아름다운 동물을 판별하는 일반 기준에서도 그 흔적을 찾을 수 있다. 이런 취향 규범이 소에게 어떻게 대중적인 미적 척도를 적용했는지는 이미 언급했다. 공동체 측면에서 볼 때 명백하게 산업적으로 유용한 여타 가축 역시 마찬가지 결과에 처하며, 닭, 돼지, 소, 양, 염소, 역마 등을 그 예로 들 수 있다. 이런 가축은 생산재 성격을 띠며 종종 돈을 버는 데도 유용하므로, 아름답다고 느끼기가 쉽지 않다. 보통 생산용으로 사용하지 않는 비둘기, 앵무새, 기타 관상용 조류, 고양이, 개, 준마 등은 사정이 다르다. 이런 동물은 대체로 과시적으로 소비하는 품목이며, 따라서 그 성질이 명예로울 뿐 아니라 당당하게 아름답다고 설명할 수 있을 것이다. 대다수 상류계급은 이런 종류 동물을 관습적으로 찬양하는 반면, 금전상 낮은 계급이나 절약하는 행위를 엄격하게 규제하는 규범이 다소 퇴색된 소수 유한계급 사람들은 한 종류 동물에서 다른 종류 동물과 마찬가지로 아름다운 면을 찾으며 아름다운 것과 추한 것 사이에 금전을 기준으로 영구적인 선을 긋지 않는다.

명예롭고 평판에 따르면 아름다운 가축과 관련해서는 그 자격을 뒷받침하는 부수적인 근거에 대해 꼭 이야기해야 한다. 명예로운 가축 부류에 속하고, 비영리적이라는 유일한 특성 덕분에 이 부류에 들어가는 조류를 제외하면,

특별히 주목받을만한 자격이 있는 동물로는 고양이와 개, 준마가 있다. 고양이는 개와 준마보다 평판이 떨어지는데, 비용이 덜 들어갈 뿐 아니라 유용한 일에 사용할 수도 있기 때문이다. 동시에 고양이의 기질은 명예로운 목적을 수행하기에 부적당하다. 고양이는 인간과 동등하게 살아가며, 온갖 가치와 명예, 명성에 차등을 두는 옛 토대인 신분 관계에 대해 전혀 모르고, 주인과 이웃을 부당하게 비교할만한 재능도 없다. 마지막 규칙에 예외가 되는 사례는 앙고라 고양이처럼 희귀하고 색다른 품종에서 찾을 수 있는데, 이런 품종은 비싸다는 이유에서 약간은 명예로운 가치를 지니며, 따라서 금전을 기반으로 어떤 특별한 아름다움을 뽐낸다.

개는 쓸모없을 뿐 아니라 기질적으로도 특별히다는 장점이 있다. 개는 종종 인간의 친구라는 감탄 섞인 말을 들을 뿐 아니라, 지능과 충성심 면에서도 칭찬받는다. 즉 개는 인간의 하인이며, 무조건 복종하고 주인이 어떤 기분인지 노예처럼 빠르게 파악하는 자질이 있다. 신분 관계에 잘 맞으며 현재 목적을 달성하는 데도 유용한 기질이라고 할 수 있는 이런 특징들과 더불어, 개는 미적 가치가 더 모호하다는 특징이 있다. 개는 가축 중에 가장 몸이 더럽고 습성이 지저분하다. 그 대신 주인에게는 맹목적으로 애교를 부리지만, 다른 모든 사람에게는 손해와 폐를 끼칠 준비를 하고 있다는 장점이 있다. 그렇게 개는 우리의 지배 성향을 충족시켜줌으로써 우리가 베푸는 호의에 의탁하며, 비싼 품목이자 보통은 산업용으로 사용할 수 없다는 점에서 평판을 높여주는 존재로서 사람들의 인식 속에 아주 확실히 자리 잡고 있다. 동시에 우리 상상 속에서 개는 사냥과도 관련이 있는데, 사냥은 칭찬할만한 활동이자 명예로운 포식성 충동을 표현하는 방법이다.

개는 이렇게 유리한 위치에 서서, 형태와

동작이 어떻게 아름다운지, 어떤 훌륭한 정신적 기질을 가졌을지를 관습적으로 인정받고 칭찬받는다. 그리하여 애견가가 기괴한 모습으로 번식시킨 다양한 개조차도 많은 사람에게서 아름답다는 평가를 받는다. 애완용으로 교배한 다른 동물들도 마찬가지 이지만, 이런 다양한 개는 모습이 얼마나 기괴한지와 그 종 특유의 신체 기형이 얼마나 불안정한지에 대강 비례하여 미적 가치를 평가받고 등급을 판정받는다. 현재 다루고 있는 목적과 관련해서, 신체 구조가 얼마나 기괴하고 불안정한가에 따라 효용이 달라지는 현상은, 희소성이 크면 값이 비싸다는 말로 요약할 수 있다. 현재 남녀 모두에게 유행하고 있는 애완견처럼, 생김새가 기괴한 개가 지니는 상품 가치는 높은 생산비용에 따른 것이며, 주인이 매기는 애완견에 대한 가치는 주로 그 개가 과시적 소비 용품으로서 얼마나 효용이 있는가에 달려있다. 개가 비싸서 명예롭다는 관념은 사회적 가치가 간접적으로 개에게 전가되는 통로가 되는데, 이런 생각이 말과 쉽게 치환되면서 개는 존중받고 아름다움을 찬양받는다. 이 동물이 돈벌이가 되거나 유용해서 관심을 주는 것은 아니므로, 이런 관심 역시 평판이 좋다. 결과적으로 개에게 관심을 주는 습관은 비난받지 않기 때문에, 매우 고집스럽고 가장 자애로운 성격을 띠는 습관적인 애착으로 자랄 수도 있다. 따라서 애완동물에게 주는 애정에는 값비싼 것에 대한 규범이 다소 간접적인 기준으로 나타나 있으며, 이 기준은 선택 대상을 향한 정서를 조장하고 형성한다. 머지않아 눈치채겠지만 사람에 대한 호감 역시 마찬가지인데, 다만 기준을 적용하는 방식이 조금 다를 뿐이다.

준마는 개와 매우 비슷한 양상을 보인다. 대체로 비싸거나 사치스럽고 산업용으로는 쓸모가 없다는 점에서 그렇다. 공동체 복지를 증진하거나 인간의 생활방식을 편리하게 만든다는 측면에서 준마가 갖고 있을지도 모르는 생산적인 효용은 운동능력과 힘을 전시하여 대중의 미적 감각을 충족시키는 형태를 하고 있다. 물론 이것은 상당히 유용한 일이다. 말은 개처럼 맹목적으로 의지하는 정신적 태도를 지닌 것은 아니지만, 자연에서 '활동물'이 지닌 힘을 개조하여 재량껏 사용함으로써 지배욕을 표출하고자 하는 주인의 충동에 적절하게 봉사한다. 준마는 많든 적든 경주마가 될 가능성이 있으며, 흔히 경주마는 특히나 주인에게 도움이 된다고들 말한다. 준마가 지닌 효용은 대체로 경쟁 수단으로서 효율적이라는 데 있으며, 준마는 이웃 말을 앞지름으로써 주인의 공격성과 지배 성향을 충족시킨다. 이런 용도는 수익성은 없지만 대체로 꾸준히 사치스럽고 상당히 과시적이라는 점에서 명예로우며, 따라서 준마는 좋은 평판에 관한 근거를 강하게 제공하는 위치에 있다. 게다가 엄밀하게 말하는 준마는 도박 도구로서도 마찬가지로 비생산적이지만 명예롭게 사용할 수 있다.

그리고 준마는 미적으로도 운이 좋은데, 금전을 바탕으로 좋은 명성을 얻는다는 규범에 따르면, 준마에 대해서는 얼마든지 타당하게 아름답거나 쓸모 있다고 찬양할 수 있다. 과시적 낭비 원칙과 더불어 지배하고 경쟁하려는 포식성 습성은 준마가 왜 현재 모습을 하고 있는지 설명한다. 게다가 말은 아름다운 동물이다. 비록 경주마 애호가도 아니고, 말 애호가가 설정한 도덕적 제약 때문에 아름다움을 느끼기를 유보한 사람도 아닌, 취향이 통속적인 사람에게는 아마 경주마가 전혀 아름다워 보이지 않겠지만 말이다. 교양 없는 취향을 가진 이런 사람들이 가장 아름답다고 생각하는 형태의 말은 사육자가 동물을 선별적으로 기를 당시 경주마보다 덜 급격하게 개량한 말로 보인다. 그렇지만 작가나 이야기꾼, 그중에서도 특히 통속적인 수사법을 몹시 일관되고 진부하게 사용하는 이들은 수사적 효과를 노리고서 우아하고 유용한 동물을 묘사하고 싶을 때면 습관적으로 말에 의지하는데, 묘사를 끝내기 전에 경주마를 염두에 두고 있다는 점을 대개는 명확히 밝힌다.

적절하게 교양있는 취향을 가진 사람들마저 인정하는, 다양한 말과 개에 대한 등급별 평가에서는 유한계급의 평판 규범이 더 직접 영향을 미치고 있는 또 다른 부분을 구분할 수 있다는 점에 주목해야 한다. 예를 들어 이 나라 유한계급은 취향을 형성할 때, 영국 유한계급 사이에서 유행하고 있거나 유행한다고 생각하는 관례와 습성에 영향을 받는다. 개와 관련해서는 말보다 이런 경향이 덜하다. 그러나 말, 더 구체적으로 기껏해야 단순히 과시적으로 낭비하는 데 사용하는 승마용 말과 관련해서는 체형이 영국산에 가까울수록 더 아름답다고 생각할 것인데, 평판을 높이는 관습을 목적으로 한다는 측면에서 보면 영국 유한계급은 이 나라 상위 유한계급으로서 낮은 계급의 본보기가 되기 때문이다. 아름다움에 감탄하는 방법과 취향에 따라 판단하는 일을 모방한다고 해서 반드시 그 호감이 가짜인 것은 아니며 적어도 어느 정도는 위선적이거나 가식적이지도 않다. 이렇게 모방에 근거한 호감은 다른 이유에 근거할 때와 마찬가지로 진지하며 견고하게 취향을 반영하는데, 다만 이렇게 모방하여 형성한 취향은 미적 측면이 아니라 평판 측면에서 옳은 취향이라는 점이 다르다.

이런 모방 범위는 단순히 말에 대한 미적 감각을 넘어선다는 점을 짚고 넘어가야 한다. 여기에는 마구와 승마술도 포함되며, 따라서 아름다운 앉음새나 자세를 정확하거나 훌륭하게 구사하는 일 역시 영국 관습에 따라 좌우되며 승마 걸음걸이도 마찬가지다. 금전에 기반을 둔 미적 규범을 적용하여 무엇이 적절하고 무엇이 그렇지 않은지를 판별하는 정황이 때때로 얼마나 우연히 탄생할 수 있는가를 보여주려면, 영국식 앉음새와 이 앉음새를 어색하게 만들 수밖에 없는 별나게 고통스러운 걸음걸이가 탄생했을 당시에, 영국의 길은 수렁과 진흙으로 가득해서 말이 좀 더 편한 걸음걸이로는 사실상 지나갈 수 없을 정도로 나빴다는 점을 이야기할 수 있다. 따라서 오늘날 승마 취향이 점잖은 사람은 꼬리를 짧게 자른 짐말을 불편한 자세로 타고 고통스럽게 걸어가는데, 지난 세기 대부분 동안 영국의 길은 말이 더 말답게 걸어가거나, 신체 구조상 말이 토착하는 단단하고 탁 트인 시골에서 편하게 움직이는 동물들이 지나가기 불가능한 상태였기 때문이다.

5
유한계급에 들어갈 권리

　유한계급의 구성원을 유지하는 것은 끊임없는 선별과정이며, 이에 따라 공격적인 금전 경쟁에 탁월하게 적합한 개인과 가문을 낮은 계급에서 끌어올린다. 출세하길 염원하는 사람이 상위 계급에 도달하려면 금전적 자질을 보완할만한 꽤 일반적인 요소뿐 아니라, 계급 상승을 가로막는 지극히 물질적인 어려움을 극복할 수 있을 만큼 걸출한 금전적 자질이 있어야 한다. 우연을 제외하면, 새로 성공한 사람이란 선택받은 사람이다.

　물론 이런 선별적 진입 과정은 금전 경쟁 방식이 자리 잡으면서 유한계급제도가 처음 탄생한 이래 늘 계속되었다. 그러나 구체적인 선별 근거가 늘 같지는 않았으며, 따라서 이 선별 과정이 늘 같은 결과를 초래하지는 않았다. 초기 야만 단계나 엄밀히 말하는 포식성 단계에서는 말 그대로 순수한 무용을 기준으로 적합성을 판단했다. 유한계급에 들어가려면 지원자는 배타적이고 당당하고 흉포하고 악랄하고 끈질기게 목표를 추구하는 재능이 있어야 했다. 이런 자질은 부를 축적하고 계속 유지하는 데 도움이 되었다.

이후에도 그렇듯 유한계급은 부를 소유하는 일을 경제적 토대로 삼았지만, 부를 축적하는 방법과 부를 유지하는 데 필요한 재능은 초기 포식성 문화 이후로 다소 바뀌었다. 선별과정을 거친 결과 초기 야만인 유한계급에서 나타났던 지배적인 특성으로는 강한 공격성과 지위에 관한 기민한 감각, 책략을 쓰길 개의치 않는 성향이 있다. 당시 유한계급 구성원은 용맹함을 유지함으로써 자리를 지켰다. 후기 야만 문화 사회에서는 준평화적인 신분체제에서 안정적으로 재산을 취득하고 소유하는 방법이 생겼다. 부를 축적하기에 가장 좋은 방법이라고 인정받았던 단순한 공격과 거리낌 없는 폭력은 대부분 기민한 책략과 교묘한 속임수로 바뀌었다. 그때부터 유한계급은 다양한 기질과 성격을 보존했다. 오만한 공격성 및 그와 관련된 당당함 역시 무자비하게 일관적인 신분의식과 함께 여전히 유한계급에서 나타나는 가장 인상 깊은 특징으로 남았다. 이런 특징은 우리 전통 속에서 전형적인 '귀족의 미덕'으로 남았다. 그러나 조심하고, 절약하고, 변명하는 일처럼 덜 눈에 띄는 금전적 미덕이 보완 요소로서 증가하여 이런 특징과 결합했다. 시간이 흘러 금전 문화가 현대 평화적인 단계에 이르자, 이렇게 덜 눈에 띄는 금전적 미덕에 속하는 자질과 습관은 금전적 목표를 이루는 데 상대적으로 유용해졌으며, 유한계급에 진입하여 자리 잡는 선별과정에서 상대적으로 더 중요해졌다.

선별 근거는 계속 변했으며, 이제는 금전적 자질만 갖추면 유한계급에 진입할 수 있게 되었다. 포식성 야만인의 특징 중 남은 것은 굳건한 목적이나 일관적인 목표이며, 이런 특징은 성공한 포식성 야만인을 그 이전에 존재했던 평화적인 미개인과 구분한다. 하지만 이런 특징에 근거해서만 금전적으로 성공한 상류층과 평범한 생산계급을 나눈다고 할 수는 없다. 현대 산업사회에서 후자가 받는 훈련과 선택 역시 이런 특징과 비슷하게 결정적인 무게를 지니기 때문이다. 어쩌면 오히려 굳건한 목적은 이 두 계급을 다른 두 계급인 쓸모없는 건달 및 하류층 난봉꾼과 구분한다고 말할 수도 있다. 타고난 자질 면에서 보면 금전 있는 남성은 난봉꾼에 비견되며, 이와 마찬가지로 생산계급 남성은 온화하고 야망 없이 남에게 종속된 사람에 비견된다. 이상적으로 금전을 갖춘 남성은 이상적인 난봉꾼과 닮았는데, 자기 목표를 위해 재화와 사람을 무자비하게 개조하고, 타인의 감정과 소망뿐 아니라 자기 행동이 유발하는 간접적인 효과까지 냉담하게 무시한다는 점에서 그렇다. 하지만 금전이 있는 남성은 난봉꾼과는 다르게 더 날카로운 신분 감각이 있고, 더 먼 목표를 내다보며 더 일관적으로 일한다. 두 유형이 지닌 기질 간 유사성은 '경기'와 도박에 대한 성향과 목적 없는 경쟁을 즐기는 모습에서 더 잘 나타난다. 이상적으로 부유한 남성은 포식성 인간 본능에 나타난 부수적인 변화 중 하나와 관련하여 난봉꾼과 특이하게 닮았다.

    난봉꾼은 대개 미신을 믿는 사고습관을 가지고 있으며, 행운, 주문, 점과 운명, 예언과 주술 의식을 매우 신봉한다. 상황이 허락할 때면, 이런 성향은 종종 독실한 의식을 향한 어떤 맹

목적이고 헌신적인 열정과 꼼꼼한 관심으로 나타난다. 따라서 이런 성향은 어쩌면 종교라기보다는 신앙이라고 특징짓는 편이 더 나을지도 모른다. 이런 기질 측면에서 볼 때 난봉꾼과 더 유사한 사람은 금전 있는 유한계급 남성이지, 생산계급 남성이나 야망 없이 예속된 사람이 아니다.

6
원시 남성의 용맹함이 남긴 유산: 격투와 경기

고대 인간 본성 중 포식성 단계에서 남성이 보여주는 특징을 가장 즉각적이고 명백하게 표현하는 것은 제대로 된 격투 성향이다. 포식성 활동을 집단으로 벌인다면 이런 성향은 대개 군인정신이나 최근에는 애국심이라고 부른다. 문명화된 유럽 국가들에서는 대를 이어온 유한계급이 중산층보다 이런 군인정신을 더 높이 함양하고 있다는 주장에 동의를 구할 필요조차 없다. 실제로 유한계급은 자존심이 훨씬 높은데, 여기에는 분명히 어떤 이유가 있다. 대다수 사람이 보기에 전쟁이 명예로운 만큼, 호전적인 용맹함은 대단히 명예로운데 따라서 이렇게 호전적인 용맹함을 존경하는 일은 그 자체로 전쟁 숭배자다운 포식성 기질을 지녔다는 가장 좋은 증서가 된다. 전쟁을 향한 열정과 그것이 가리키는 포식성 기질은 상류층, 특히 대를 이어온 유한계급 사이에 가장 만연하다. 게다가 상류층이 진지하게 종사하는 것처럼 보이는 직업은 정부 관련 직업인데, 이런 직업 역시 그 기원이나 발달 내용을 따져보면 포식성 직업에 해당한다.

　마음 상태가 상습적으로 난폭해진다는 명예를 두고 대를 이어온 유한계급과 조금이라도 다툴 수 있는 계급은 하류층 난봉꾼이 유일하다. 평상시에 대다수 생산계급은 호전적인 이해관계에 대해 상대적으로 무관심하다. 산업 공동체에서 효과적인 전력을 구성하는 이런 대중들은 흥분했을 때가 아니라면 오히려 방어전을 제외한 전쟁을 싫어하는데, 실제로 도발 당했을 때조차 조금 느리게 반응하며 방어태세를 갖춘다. 더 문명화된 공동체나 더 정확히는 선진 산업 발달을 이룬 공동체에서는 대중들 사이에서 호전적이고 공격적인 심리가 사라져간다고 말할 수 있을 것이다. 생산계급에 속한 개인 중에서는 오직 소수만 군인정신을 눈에 띄게 보여준다는 이야기는 아니다. 오늘날 여러 유럽 국가와 미대륙에서 벌어지는 일과 같은, 어떤 특별한 도발을 당했을 때조차 군인다운 열정으로 마음에 불이 붙는 사람은 적다는 이야기도 아니다. 그러나 이렇게 일시적으로 감정이 고양된 시기를 제외하고, 상류층과 최하층 중 옛 포식성 기질이 있는 개인들을 제외하면, 모든 현대 문명 공동체는 이런 측면과 관련하여 비활성 상태에 있는 사람들이 매우 많으므로, 아마 실제로 침략당할 때를 제외하고는 전쟁을 벌이기란 불가능할 것이다. 평범한 사람이 가진 습관과 기질은 전쟁보다는 덜 극단적인 방향으로 행동하는 데 도움이 된다.

계급별로 이렇게 기질이 다른 이유는 어쩌면 부분적으로는 각 계급에서 후천적으로 습득하여 대물림하는 기질이 다르기 때문일 수도 있지만, 어느 정도는 민족적 뿌리에 따른 차이도 있어 보인다. 인구가 상대적으로 단일민족에 가까운 나라에서는 공동체 내 계급별 민족 구성이 더 넓게 차이 나는 나라에서보다 계급별 기질 차이가 눈에 띄게 작다. 같은 맥락에서 주목할 만한 점은 후자 나라에서 나중에 유한계급에 진입한 사람은 고대 혈통을 이었으며 동시대를 사는 귀족 후계자보다 대체로 군인정신을 덜 보여준다는 것이다. 이런 신입은 최근 평범한 집단에서 부상했으며, 고대 관념에서 보면 용맹하다고 분류할 수 없는 기질과 성향에 기대어 유한계급에 진입했다.

엄밀하게 말하는 호전적 활동과는 별개로, 결투 제도 역시 전투태세를 우월하게 갖추고 있음을 표현하며, 따라서 이 결투는 유한계급다운 제도이다. 사실상 결투란 의견이 서로 다를 때 다소 고의로 싸움에 의존하는 최후 합의 방식이다. 문명 공동체에서는 세습된 유한계급이 있을 때만, 그것도 거의 이 계급 사이에서만 결투가 성행한다. 여기에 대한 두 가지 예외로는 (1) 대개 유한계급 구성원이자 포식성 사고 습관을 특별하게 훈련받은 육군과 해군 장교, (2) 유전이든, 훈련받아서든, 두 가지 모두 때문이든 마찬가지로 포식성 기질과 습성을 지닌 하류층 난봉꾼을 들 수 있다.

의견이 다를 때 보편적으로 폭력에 의존하여 해결하는 사람은 이런 상류층 남성과 무뢰한뿐이다. 평범한 사람은 보통 감정이 순간 과도하게 격앙되거나 술 때문에 고양되어 도발적인 자극에 더 복잡하게 반응하는 습관이 억눌릴 때 싸울 것이다. 이때 평범한 사람은 더 단순하고 덜 다양한 자기주장 본능을 다시 끌어낸다. 즉,

고대 사고습관을 다시 생각하지도 않고 일시적으로 다시 꺼내온다.

결투 제도는 우위 논쟁 및 분쟁을 해결하는 최후의 수단에서 점차 개인이 이유 없이 의무적으로 벌이는 싸움으로 변하는데, 결투가 훌륭한 평판을 얻기 위한 사회적 의무가 되기 때문이다. 이런 종류의 유한계급 관례로는 특히 호전적인 기사도 정신이 남긴 기이한 흔적인 독일 학생 결투가 있다. 하류층이나 가짜 유한계급 난봉꾼은 어느 나라든 마찬가지로 이유 없이 동료와 싸워 남자다움을 주장해야 하는 비공식적인 사회적 의무가 있다. 모든 사회계급을 막론하고 소년 집단에서도 비슷한 관행이 만연하다. 소년은 대개 자신과 친구가 상대적인 싸움 능력에 따라 날마다 어떻게 평가받는지 잘 알고 있으며, 소년 집단에서는 걸려온 싸움에 응하지 않거나 응할 수 없는 예외적인 사람은 보통 좋은 평판을 뒷받침해줄 기반을 보장받지 못한다.

이런 모든 경향은 특히 어느 정도 이상 성숙한 소년에게서 나타난다. 유아기부터 철저하게 보호받는 기간 동안 아이는 매일 매 순간 어머니에게 붙어있으려 하는 데, 이 시기에 아이가 보이는 기질은 앞서 설명한 내용과는 다르다. 이렇게 어린 기간에는 공격성이나 적대 성향이 거의 나타나지 않는다. 이렇게 평화로운 기질이 소년이 되면서 포식성 기질로, 극단적으로는 악의적일 만큼 짓궂은 기질로 변하는 과정은 점진적이며, 매우 다양한 개인별 기질에 따라 어떤 사람은 다른 사람보다 더 완전하게 기질이 변한다.

더 이른 성장 단계에 있는 아이는 남자아이든 여자아이든 덜 진취적이고 공격적으로 자기 주장을 하며, 자기 자신과 관심사를 함께 사는 가족으로부터 감추는 성향이 덜할 뿐 아니라, 질책받는 일에 더 예민하고, 더 수줍고, 더 소심한 모습을 보이며 친밀하고 인간적인 접촉을 더 원한다. 일반적인 사례에서 이런 초기 기질은 유아적 특징이 점진적이면서도 다소 급격하게 성장함으로써 진정한 소년다운 기질로 변한다. 소년기에도 포식성 특징이 전혀 나타나지 않거나 기껏해야 미미하고 모호하게 나타나는 사례도 있긴 하지만 말이다.

여자아이가 남자아이만큼 완벽하게 포식성 단계로 넘어가는 일은 좀처럼 없으며, 대다수 사례에서는 이런 변화를 거의 겪지 않는다. 이럴 때 유아기에서 청소년기와 성인기로 넘어가는 이행은 관심 대상이 유아다운 목표와 소질에서 어른다운 목표, 역할, 관계로 옮겨가는 점진적이고 연속적인 과정이다. 일반적으로 여자아이는 발달과정에서 포식성 기간을 거치는 사례가 적으며, 이런 기간을 겪더라도 대개 포식성 태도나 자기를 고립시키는 태도는 덜 두드러진다.

남자아이는 대개 포식성 기간이 꽤 두드러지며 얼마간 계속되지만, 대부분 성인이 되면서 끝난다. 그런데 이 마지막 진술에는 매우 구체적인 단서를 붙여야 할지도 모른다. 소년다운 기질이 성인다운 기질로 이행하지 않거나 부분적으로만 이행하는 사례도 드물지 않기 때문이다. 현대에 노동 생활을 하는 성인 중에서 집단생활이 목표하는 바를 이루는 데 이바지하고 그로 인해 산업 공동체에서 사실상 평균을 구성하고 있다고 할 수 있는, 그런 사람들이 지닌 평범한 기질을 '성인다운' 기질이라고 한다면 말이다.

유럽 인구는 민족 구성이 다양하다. 일부 사례에서는 하류층까지도 상당수가 평화를 방해하는, 장두에 금발을 한 사람이지만, 다른 사례에서는 이런 민족이 주로 세습된 유한계급 사이에서 발견된다. 호전적 습관은 후자 집단에 속한 노동자 계급 소년들 사이에서가 전자 집단에 속한 상류층 소년들 사이에서보다 덜 만연한 것으로 보인다.

노동자 계급 소년이 지닌 기질에 관한 이런 일반화가 완전하고 철저한 현장조사를 통해 사실로 밝혀진다면, 호전적인 기질은 어느 정도 민족적인 특징이라는 관점이 힘을 얻을 것인데, 호전적인 기질이 더 크게 연루된 민족은 유럽 국가에서 지배자로서 상류층을 이루고 있는 장두에 금발을 한 민족이지 같은 공동체에서 인구 상당 부분을 구성하는 것으로 여겨지는, 복종하는 사람으로서 하류층을 이루고 있는 민족은 아닌 듯하기 때문이다.

소년 사례는 각 사회계급이 용맹함이라는 자질을 상대적으로 얼마큼 가지고 태어나는지와는 진지한 관계가 없어 보일지 모르지만, 적어도 약간은 가치가 있는데, 호전적인 충동은 산업계급에 속한 평범한 남성이 가지고 있는 기질보다 고대 기질에 더 가깝다는 것을 보여주기 때문이다. 아동기에 나타나는 다른 여러 특성과 마찬가지로 여기서도 아이는 성인 남성이 초기 성장 단계에서 경험하는 일부 특징을 축소하여 일시적으로 재연한다. 이런 설명에 따르면, 소년이 명예로운 일을 좋아하고 자기 관심사를 공유하지 않는 성향은 엄밀한 의미의 야만문화인 초기 야만 문화에서 평범했던 인간 본성이 일시적으로 되살아나는 것이라고 볼 수 있다. 다른 많은 부분과 마찬가지로 이점과 관련해서도 유한계급과 난봉꾼 계급의 특성이 보여주는 바에 따르면, 아동기와 유년기에 평범하게 나타나며 초기 문화 단계에서도 정상적이거나 관습적이었던 특성은 성년기까지도 남을 수 있다. 남아있는 민족 간 차이를 완전히 근본적으로 추적할 수 없는 한, 건들대는 난봉꾼과 딱딱한 유한계급 남성을 평범한 대중과 구분하는 특징은 정신적 발달이 억눌린 흔적이라고도 볼 수 있다. 현대 산업 공동체에서 평범한 남성이 도달한 발달 단계와 비교하면 유한계급 신사와 난봉꾼은 미숙한 측면은 보인다. 또 이렇게 사회계급에서 상류층과 최 하류층을 대표하는 사람들이 보이는 유치한 정신적 기질은 흉포한 명예를 추구하고 고립되는 것을 선호하는 성향을 제외한 다른 고대 특징도 존재하는 와중에 나타나는 것처럼 보일 것이다.

호전적인 기질이 근본적으로 미숙하다는 데에는 의심할 여지가 없는 것처럼, 제대로 된 소년기와 성년기를 연결하는 기간에 제법 나이가 있는 남학생들 사이에서는 목적 없는 장난치고는 어느 정도 체계적이고 정교하게 평화를 방해하는 일이 유행한다는 것을 우리는 알고 있다. 일반적인 사례에서 이런 소동을 벌이는 시기는 청소년기로 국한된다. 어린 시절에서 성년기로 넘어감에 따라 소동은 빈도와 세기를 줄여가며 재발하는데, 따라서 집단이 포식성 생활방식에서 더 안정된 생활방식으로 넘어

왔던 과정이 개인의 삶 속에서 일반적으로 재생산되는 셈이다. 눈에 띄게 많은 사례에서 개인의 정신적 성장은 이런 유치한 단계를 벗어나기 전에 끝나는데, 이런 경우 호전적인 기질은 평생 남는다. 호전적이고 모험적인 남성이 영구적으로 도달하는 정신 수준은 포식성 단계에 상응하는데, 그러므로 정신 발달이 마침내 성년기에 도달한 개인은 대체로 포식성 단계를 일시적으로 거치는 셈이다. 물론 이점에 있어서 정신적인 성숙함과 냉정함을 얼마큼 갖추는지는 개인마다 다를 것이지만, 평균 수준에 이르지 못한 사람은 현대의 산업 공동체에서 분해되지 않은 난폭한 인간성의 잔해이자, 산업 효율성을 높이고 집단생활을 충만하게 하는 선별적 적응 과정을 돋보이게 하는 사람으로 남을 것이다.

    이렇게 억제된 정신 발달은 어른이 청소년과 마찬가지로 흉포한 행동을 함으로써 명예를 얻으려고 하는 과정에서 직접 드러날 뿐 아니라, 청소년이 저지르는 이런 소동을 조장하고 사주하는 과정에서 간접적으로 나타나기도 한다. 그렇게 함으로써 자라나는 세대 안에서 평생 남게 될지도 모를 흉포한 행동 습관이 형성되도록 촉진하고, 공동체가 더 평화롭고 효율적인 기질로 이동하는 것을 지연시킨다. 이렇게 명예로운 일을 추구하는 성향을 지닌 사람이 공동체에 속한 청소년 구성원의 습관 발달을 지도하는 자리에 있다면, 용맹함을 보존하고 되살리는 방향으로 매우 큰 영향력을 행사할지도 모른다. 이는 예컨대 최근 들어 남성 성직자나 주요 사회 인사가 '소년단'을 비롯한 유사 군사 조직을 통해 담당하는 위탁 양육이 중요한 이유이기도 하다. 고등교육기관에서 '애교심'과 대학 운동선수 등을 키울 때도 유사한 장려책을 사용한다.

　이런 기질을 가리키는 징후는 모두 명예로

운 일이라는 표제 하에 묶을 수 있다. 이런 징후는 부분적으로는 지기 싫어하는 흉포한 태도를 단순하고 무신경하게 표현한 것이지만, 부분적으로는 용맹하다는 명성을 얻을 목적에서 고의로 착수하는 활동이다. 격투기, 투우, 육상, 사격, 낚시, 요트 경주는 물론이고 심지어 파괴력 있는 신체 능력이라는 요소가 눈에 띄는 특징이 아닌 기술 경기에 이르기까지, 모든 운동 경기에는 일반적으로 비슷한 특징이 있다. 운동경기는 난폭한 격투에서 출발하여 차차 기술이 되었다가 어느새 계략과 술책이 되었다. 운동경기에 열중하는 이유는 포식성 경쟁 성향이 상대적으로 강한 정신 구조 때문이다. 모험적이고 명예로운 일과 상해를 가하는 일을 강력하게 추구하는 성향은 일상 대화에서 운동가 정신이라고 꼭 집어 부르는 것이 담긴 활동에서 특히 잘 나타난다.

 남성을 포식성 경쟁으로 이끄는 기질은 필

연적으로 소년다운 기질이며, 이점은 앞서 이야기했던 여타 표현 방법보다 운동경기와 관련할 때 더 사실에 가깝거나 적어도 더 명백하다. 그러므로 운동경기에 열중한다는 것은 어느 정도는 도덕성이 덜 발달했다는 표시이기도 하다. 운동선수가 독특하게 보여주는 소년다운 기질은 허세라는 큰 요소에 주목할 때 명확해지며, 이런 허세는 모든 운동경기에서 나타난다. 운동경기에서 나타나는 허세라는 특징은 어린아이, 특히 남자아이가 일상적으로 벌이는 시합과 명예로운 일에서도 나타난다. 모든 운동경기에 같은 비율로 허세가 들어가는 것은 아니지만, 모든 경기에는 매우 눈에 띌 만큼 허세가 들어가 있다. 주로 앉아서 기술을 겨루는 정적인 경기보다는 엄밀하게 말하는 운동가 정신과 육상 경기에서 허세가 더 많이 나타나는데, 다만 이 규칙을 아주 일률적으로 적용할 수 있는 것은 아니다.

예컨대, 심지어 아주 온화하고 풍류를 모르는 남성조차 사냥을 갈 때는 스스로 심각한 일에 착수하고 있음을 마음에 새기기 위해 과도하게 많은 무기와 장비를 들고 가는 경향이 있다는 점은 주목할 만하다. 이런 사냥꾼들은 자기들이 하는 명예로운 일이 잠행이든 맹습이든 상관없이 과장되게 경중경중 걷고 동작을 섬세하게 부풀리는 경향도 있다. 마찬가지로 거의 매번 육상 경기를 할 때면 고함치고 거들먹거리며 걷는 모습이나 표면상 신비한 척하는 모습이 많이 보이는데, 이런 특징은 육상 경기가 갖는 역사적 본질을 보여준다. 물론 이 모든 것은 소년다운 허세를 명백히 떠오르게 한다. 덧붙이자면 운동경기에서 사용하는 은어는 상당수가 극도로 험한 말인데, 대부분 전쟁 용어에서 빌린 것이다. 비밀 의사소통 방법으로 꼭 사용해야 하는 때를 제외하면, 어떤 일에서 특별한 은어를 사용하는 것은 아마 해당 직업에 허세가 상당히 녹아있다는 증거로 보아도 될 것이다.

결투를 비롯하여 평화를 방해하는 행위와 운동경기를 구분하는 추가적인 특징에 따르면, 스포츠는 특이하게도 명예로운 일이나 난폭한 일을 벌이고 싶은 충동 외에도 동기에서 비롯되기도 한다 앞서 제시한 사례에서는 다른 동기가 거의 보이지 않는 듯하지만, 운동경기를 마음껏 즐기는 일에 관해 종종 다른 이유를 댄다는 점에 미뤄보면, 다른 이유는 때때로 부수적인 방식으로 나타난다고 할 수 있다. 운동선수-사냥꾼과 낚시꾼-는 자연에 대한 사랑과 오락거리의 필요성 등을 자기가 취미를 좋아하는 이유로서 습관처럼 이야기한다. 이런 동기는 분명 자주 나타나며 매력적인 운동선수 생활의 일부를 구성하지만, 주된 동기가 될 수는 없다. 이런 표면상 욕구는 운동선수가 사랑하는 '자연'의 근본적인 특징을 구성하는 동물의 생명을 빼앗기 위해 체계적으로 활동하지 않고도 더 손쉽고 완벽하게 충족시킬 수 있다. 실제로 운동선수가 활동하며 남긴 가장 눈에 띄는 결과는 말살시킬 수 있는 모든 생명체를 죽여 없앰으로써 자연을 만성적으로 황폐하게 만든 것이다.

그러나 운동선수는 현재 관습에서 벗어나지 않으면서 오락을 즐기고 자연과 접촉하고 싶은 욕구를 가장 잘 충족시키는 방법은 운동경기를 하는 것뿐이라고 주장하는데, 여기에는 이유가 있다. 특정 예절 규범은 과거에 살았던 포식성 유한계급이 권위적인 본보기를 통해 남겼고, 현대에는 그 계급 후계자들이 사용함으로써 다소 공들여 보존했는데, 이런 규범에 따르면 다른 상황에서 자연과 접촉하려는 운동선수는 비난을 피할 수 없을 것이다. 운동경기는 가장 고귀한 일상의 여가로서 포식성 문화를 전승한 명예로운 일에서, 예의범절이 완전하게 허가하는 유일한 야외활동이 되었다. 따라서 총을 쏘고 낚싯대를 드리우는 가장 직접적인 동기는 오락거리와 야외 생활이 필요해서일 수도 있다. 체계적인 도살 범위 내에서 이런 목적을 추구해야 하는 더 간접적인 원인은 오랜 관행에 있는데, 이 관행은 오명을 뒤집어쓰고 그에 따라 자존심에 금이 갈 위험을 무릅쓰지 않는 한 어길 수 없다.

다른 운동경기 사례도 다소 비슷하다. 물론 가장 좋은 사례는 육상 경기다. 평판 좋은 삶이라는 규범이 어떤 형태의 활동과 운동, 오락거리를 허락하는지와 관련한 권위적인 관습은 물론 여기서도 나타난다. 육상 경기에 열광하거나 감탄하는 사람들은 육상 경기가 우리에게 주어진 가장 좋은 오락거리이자 '신체 단련' 방법이라고 주장한다. 그리고 권위적인 관습은 이런 주장을 지지한다. 평판 좋은 삶이라는 규범은 유한계급 생활에서 과시적 여가로 분류할 수 없는 모든 활동을 제외할 뿐 아니라, 결과적으로 오랜 관행에 따라 공동체 전반의 생활에서 제외한다. 동시에 목적 없이 하는 격렬한 육체운동은 참을 수 없이 지루하고 불쾌한 일이 된다. 다른 관계에서 지적했다시피 이런 사례에서는 가식에 지나지 않는 목표라도 그럴듯하게 꾸며낼 수 있는 어떤 활동에 의지해야 한다. 운동경기는 그럴듯한 목표와 함께 실질적으로 노력을 헛되이 한다는 조건을 만족한다. 게다가 경쟁 기회를 제공한다는 측면에서 매력적이다. 예의를 지키기 위해 직업이 따라야 하는 규범은 낭비가 평판을 높인다는, 유한계급 규범이다. 동시에 부분적으로나마 삶의 관습적인 표현 방식으로 남기 위해 모든 활동이 따라야 하는 규범은 어떤 쓸만하고 물질적인 목적을 이루는 데 효율적이라는, 대체로 인간적인 규범이다. 유한계급의 규범은 철저하고 포괄적으로 헛되이 노력하길 요구하는 반면, 제작본능은 목표지향적인 활동을 하길 요구하는 것이다. 유한계급 예절 규범은 근본적으로 유용하거나 목표지향적인 행동 방식을 인정받은 생활에서 모두 골라 제거하면서 서서히 구석구석 퍼지지만, 제작본능은 충동적으로 작동하므로 당면한 목표만으로도 일시적으로 충족될 수 있다. 다만 복합적인 성찰을 통해 주어진 행동 방침에 헛된 노력이 숨어있다는 사실을 파악하고, 그 사실이 정상적이게 목표지향적인 인생과 근본적으로 맞지 않는다고 인식하면, 행위자는 마음이 흔들리고 기가 꺾인다.

개인적인 사고습관은 유기적인 조직체를 만들며, 이 조직체는 필연적으로 생활에 유용한 것을 지향하는 성향을 띤다. 이 유기적인 복합체에서 체계적인 낭비나 헛된 노력을 삶의 목표와 일치시키려고 시도한다면 얼마 안 가 반감이 생길 것이다. 그러나 솜씨를 뽐내거나 경쟁하는 일처럼 근시안적이고 단순한 목표에 관심이 묶이면 생명체는 이런 반발심을 느끼지 않을지도 모른다. 사냥, 낚시, 육상경기 등을 비롯한 운동경기는 재주를 뽐내고, 포식성 생활에서 나타나는 특징인 경쟁적인 흉포함과 기민함을 발휘할 수 있는 자리를 마련한다. 개인에게 자기 행동 이면에 숨어있는 경향을 감지하거나 성찰할 수 있는 재능이 거의 없는 한, 그 삶이 본질부터 단순하고 충동적인 행동으로만 점철돼있는 한, 운동경기가 제시하는 즉각적이고 단순한 목표는 우월함을 표현하는 수단이 되어 제작본능을 어느 정도 충족시켜 줄 것이다.

특히 이런 개인이 주로 느끼는 충동이 포식성 기질에서 기인한 무분별하고 경쟁적인 성향이라면 더욱 그렇다. 동시에 예절 규범은 금전적으로 당당한 삶을 표현하는 방식으로 운동경기를 추천한다. 어떤 활동이든 보이지 않은 낭비와 근시안적 목표라는 두 가지 조건을 충족시킨다면, 전통적이고 관습적으로 점잖은 오락거리로서 자리매김한다. 소양이 높고 감성이 섬세한 사람은 다른 오락거리나 활동을 하기가 도덕적으로 불가능하다면, 운동경기는 현 상황에서 즐길 수 있는 가장 좋은 오락거리이다.

하지만 존경받는 사회 구성원 중 육상 경기를 옹호하는 이들은 이런 경기는 귀중한 발달 수단이 된다는 이유를 대며 이 문제와 관련된 자기 행동을 본인 스스로와 이웃에게 자주 해명한다. 육상 경기는 참가자의 체격을 발달시킬 뿐 아니라, 대개 참가자와 관중 모두의 남자다운 기상을 키운다. 미식축구는 운동경기가 유용한지에 대해 문제 삼을 때, 아마 이 공동체에 있는 누구라도 가장 먼저 떠올릴만한 특별한 경기인데, 운동경기가 육체나 정신을 구원하는 수단인가에 대해 찬성하거나 반대하는 사람들 마음속에 현재로서는 가장 상위를 차지하고 있는 육상 경기이기 때문이다. 따라서 이런 전형적인 육상 경기는 운동경기가 참가자의 성격과 육체 발달에 어떤 영향을 미치는지 설명하는 데 도움이 될 것이다. 미식축구와 체육의 관계는 투우와 농업의 관계와 매우 비슷하다고들 했는데, 부적당한 말은 아니다. 이런 종목에 도움이 되려면 부단한 훈련과 사육이 필요하다. 참가 대상은 짐승이든 사람이든 신중하게 선발되어 훈련을 받는데, 야생상태에서 특징적으로 나타나며 길들이면 퇴화해버리기 쉬운 특정 소질과 성향을 획득하고 강화하기 위해서이다. 그렇다고 해서 어느 사례에서나 전반적이고 일관적으로 야생이나 야만 사고습관 및 신체습관이 되살아나는 것은 아니다. 결과는 오히려 야만성이나 야생성을 일부만 회복하는 것으로 나타난다. 피해를 주고 황폐화하는 데 도움이 되는 야생적인 특징은 되살리고 강화하면서, 야생 환경에서 자신을 보호하고 풍족하게 사는 데 도움이 될만한 특징은 발달시키지 않는 것이다. 미식축구 문화는 색다르게 흉포한 행동과 계략이 만들어낸 결과물을 보여준다. 초기 야만 기질을 되살리되, 사회 및 경제 위기 관점에서 볼 때 미개한 특징을 만회할 만한 세부적인 기질은 억압한 모습을 보여주는 것이다.

7
교육의 과시적 무용성

 최근 들어 단과대학 및 종합대학 교과에 눈에 띄는 변화가 있었다. 이런 변화 중심에서는 전통적인 '문화', 특징, 취향, 이상을 구성하기 위해 탄생했던 학문 분야인 인문학이 시민과 산업의 효율성을 높이는 데 도움이 될만한, 더 실용적인 분야로 일부 대체됐다. 다시 말해, 효율성궁극적으로는 생산 효율성을 추구하는 학문 분야가 소비를 과도하게 촉진하거나 산업 효율성을 낮춤으로써 신분제도에 알맞은 학문 분야와 비교해서 점차 강세를 보이기 시작했다. 이렇게 지도과정이 개선되는 동안 고등교육기관은 대체로 보수적인 모습을 보였는

데, 앞으로 한 걸음씩 나갈 때마다 다소 마지못해 인정하는 기색을 보였다. 과학은 아래에서 올라오는 대신 외부에서 학문 분야에 침투했다. 눈에 띄는 사실에 따르면, 인문학은 매우 마지못해 과학에 자리를 양보했지만, 학생의 성격이 형성되는 데 꽤 일관적으로 관여함으로써, 그 결과가 전통적이고 자기중심적인 소비양식에 부합할 뿐 아니라, 타당함과 훌륭함을 판단하는 전통적인 기준, 즉 품위 있는 여가에서 나타나는 명백하게 훌륭한 특징에 따라 진리와 아름다움, 미덕을 사색하고 감상하는 생활양식에 부합하게 한다. 인문학 대변인은 고풍스럽고 품위 있는 관점이 익숙하게 묻어나는 말투로 '땅의 열매를 소비하게끔 태어났다 fruges consumeresnati'는 격언에 담긴 이상을 주장했다. 유한계급 문화를 토대로 탄생한 학교에서는 이런 사고방식이 전혀 뜻밖이 아니다.

일반적으로 인정하는 문화적 기준과 방법론을 가능한 한 온전하게 유지하고자 했던 공식적인 배경 역시 이 같은 고대 기질 및 유한계급 인생관의 특징에서 찾을 수 있다. 예를 들어 고전적이고 예스러운 유한계급 사이에서 유행하는 생활과 이상, 공리, 시간, 그리고 재화를 소비하는 방법에 관해 일상적으로 사색하면서 얻은 기쁨과 취향은 같은 맥락에서 현대 공동체 속 평범한 사람들의 일상과 지식, 열망에 대해 비슷하게 정통하여 얻은 결과보다 더 '고상'하고 '숭고'하며 '우월'하게 보인다. 이처럼 현대 인간과 사물에 관해 완전한 지식을 습득하는 일은 상대적으로 '저급'하고 '비천'하고 '열등'한 것이 되는데, 인류와 일상을 다룬 이런 실용적인 지식을 향해 '인간 이하'라며 비난하는 사람마저 있을 정도다.

인문학을 옹호하는 유한계급 대변인의 주장 내용은 상당히 타당해 보인다. 기본적인 사실 측면에서 볼 때, 신인동형론anthropomorphism*과 파벌, 초기 상류층 남성이 여가를 통해 얻었던 자기만족 등에 대해 습관적으로 사색하거나, 예컨대 물활론**animism 및 호메로스 시대 영웅들의 넘치는 야만성에 대해 정통함으로써 얻은 희열과 문화, 또는 정신적 태도나 사고방식은 미학적일 뿐 아니라, 사물에 관한 실용적인 지식과 현대 시민 및 직공의 능률에 대한 사색으로부터 얻은 결과보다 설득력 있다. 앞서 나열한 습관은 아름다움이나 명예라는 가치 면에서 유리한 위치에 있으며, 따라서 비교의 토대가 되는 '절대적 가치' 측면에서도 마찬가지라는 데는 이견이 없을 것이다. 취향 규범과 더 특별하게는 명예 규범에 담긴 내용은 근본적으로 인류의 과거 생활과 환경이 상속과 전통을 통해 후대에 전승된 결과인데, 포식성 유한계급

---

* 자연현상, 동물, 영혼, 신 등에 인간의 특성을 부여하는 경향
** 무생물을 포함하여 모든 것에 영혼이 있다는 믿음

생활방식이 장기간에 걸쳐 우위를 점하면서 과거 인류가 사고습관과 관점을 형성하는 데 깊게 관여했다는 사실은 오늘날 취향 문제와 관련한 여러 부분에 있어서 이런 생활방식이 미적으로 정당하게 우월하다는 충분한 근거가 된다. 현재 다루고 있는 목적과 관련하여 취향 규범은 인종적 습성이며, 호의적이거나 비판적으로 미적 판단을 받는 대상을 어느 정도 장기간에 걸쳐 습관적으로 승인하거나 거부함으로써 습득할 수 있다. 다른 조건이 같을 때, 이런 습관화 과정이 더 길고 더 연속적일수록 해당 취향 규범은 더 정당해진다. 이 모든 설명은 전반적인 취향을 판단할 때 보다는 가치나 명예를 판단할 때 훨씬 잘 들어맞는다.

그러나 인문학의 대변인이 새로운 학문에 가하는 비판이 아무리 미학적으로 타당하다고 해도, 그리고 고전 지식이 더 가치 있으며 더 진실한 인간 문화와 특성을 일으킨다는 주장이 아무리 근본적으로 훌륭하다 해도, 지금 당면한 문제를 다루고 있지는 않다. 현재 문제는 이런 학문 분야 및 교육체계에서 이런 학문이 견지하는 관점이 현대 산업 환경에서 효율적인 집단생활을 얼마나 뒷받침하거나 방해하는가, 다시 말해 현대 경제 상황에 얼마나 더 손쉽게 적응하도록 도와주는가에 관한 것이다. 문제는 미적인 것이 아니라 경제적인 것이며, 고등 교육기관이 실용적인 지식을 반대하는 태도에서 찾아볼 수 있는 유한계급의 교육기준은 현재 목적에서 볼 때 경제적 관점으로만 평가할 수 있다. 이런 목적과 관련해서 '고귀한', '비천한', '고상한', '저급한' 같은 수식어를 붙이는 일은 논객이 자기 의도나 관점을 밝힐 때나 중요하다. 새롭거나 오래된 학문이 훌륭하다고 주장하든 아니든 말이다. 이 모든 수식어는 명예롭거나 모욕적인 단어인데, 말하자면 결국엔 좋은 평판을 얻을만하냐 잃을만하냐를 구분하는 부당한 비교에 사용하는 용어이며, 신분제도에 따른 생활방식을 특징짓는 개념 범위에 속하는 용어이며, 사실상 운동가 정신이라는 포식성이고 물활론적인 사고방식을 표현한 용어이며, 이런 수식어가 탄생한 포식성 단계 문화 및 경제조직과는 잘 어울리지만 넓은 의미의 경제적 효용성 관점에서 보았을 때는 손해를 볼 수도 있고 시대착오적인 고대 관점과 인생관을 나타내는 용어이다.

고전뿐 아니라 고등교육기관이 대단히 애착을 갖고 고수하는 교육체계 속 고전의 특별한 위치는, 새로운 지식인 세대의 지적 태도를 형성하고 경제 능력을 떨어뜨린다. 남자다움에 관한 고대 이상을 고집할 뿐 아니라 좋은 평판을 얻을만한지 잃을만한지와 관련해서 지식을 차별하기 때문이다. 이런 결과는 두 가지 방식으로 탄생하는데, (1) 순수하게 명예로운 학문과 비교하여 순수하게 유용한 학문을 습관적으로 혐오하게 조장함으로써, 대개 산업적으로나 사회적으로 얻는 게 없도록 지적능력을 행사하면서 자기 취향을 온전히 충족시키는 일을 성실하게 추구하도록 초보자의 취향을 형성하는 방법과 (2) 관습상 학자가 연구해야 하는 전체 학문에 포함되어있고, 그 때문에 유용한 지식 분야에서 사용하는 전문용어와 표현법에 영향을 미친다는 점을 제외하면 쓸모없는 지식을 습득하느라 학습자가 시간과 노력을 소모하게 하는 방법이 있다. 과거에 고전이 유행했던 결과로 탄생한 용어가 주는 어려움을 제외하면, 예컨대 고대 언어에 관한 지식은 어떤 과학이나, 언어 특성을 주로 연구하지 않는 어떤 학문 분야와도 실질적인 관계가 없을 것이다. 물론 여기서는 고전의 문화적 가치를 거론하는 것이 아니며, 고전 학문이나 고전을 공부함으로써 학생이 얻는 취향을 깎아내리려는 그 어떤 의도도 없다. 이런 취향은 경제적으로는 손해를 볼 수도 있어 보이지만, 고전 지식에서 위안을 얻고 활력을 얻을 만큼 재산이 많다면 문제가 되지 않을 것이다. 점잖은 이상을 함양하고 있는 것과 비교해서 제작 솜씨가 별로 없는 사람들이 생각하기에, 고전 교육이 학습자의 직공다운 자세를 흐트러뜨린다는 사실은 대수롭지 않을 것이다:

그러한 지식이 우리 교육체계의 기본 요건 일부가 된 상황에서, 남부 유럽에서 사용했던 특정 사어^{dead language}를 이해하고 구사하는 능력은 이와 관련한 성취를 뽐내려는 사람에게 만족감을 줄 뿐 아니라, 이런 능력이 있다는 증거는 학자를 전문지식이 있거나 없는 청자에게 추천할 때도 도움이 된다. 현재로서는 이렇게 근본적으로 쓸모없는 정보를 습득하려면 수년은 들여야 할 것으로 보이는데, 이런 정보가 없으면 배움이 짧고 얕게 보일 뿐 아니라, 정통학문과 지력에 대한 전통적인 기준에서 용납할 수 없을 만큼 저속하게 현실적으로 보일 것이다.

    이런 사례는 소비자가 재료나 제작 기술을 전문적으로 감정하지 못하는 상태에서 소비재를 구매할 때 생기는 일과 비슷하다. 소비자는 물건이 근본적으로 유용한지와는 상관없이 주로 겉보기에 비싸게 마감한 장식과 조각을 토대로 물건 가치를 추정할 것이며, 이런 추정에는 물건의 원래 가치와 그 물건을 팔기 위해 덧붙인 장식에 들어간 비용이 다소 불분명한 비율로 반영될 것이다. 고전과 인문학에 대한 지식이 부족한 곳에는 일반적으로 정통학문도 없다는 가정 때문에 대부분의 학생은 과시적으로 시간과 노동을 낭비하여 이런 지식을 얻는다. 모든 훌륭한 학문에는 과시적 낭비가 조금이라도 따른다는 전통적인 주장은 우리의 취향 규범과 학문의 유용성에 관한 규범에 영향을 미쳤는데, 그 방식은 우리가 대량생산 제품이 유용한지 판단할 때 마찬가지 원칙이 영향을 미쳤던 것과 같았다.

　명성을 높이는 수단이라는 점에서 과시적 소비가 점점 과시적 여가를 점점 더 따라붙으면서, 실제로 사어를 익히는 일은 이제 예전처럼 중요한 조건이 아니게 되었으며, 학식을 증명한다는 매력적인 장점도 더불어 감소했다. 그러나 이런 사실에도 불구하고 학문적 훌륭함을 나타내는 증표로서 고전은 절대적인 가치를 거의 잃지 않았다는 점도 사실이다.

　이 목적을 이루기 위해서 학자는 관습적으로 보았을 때 시간을 낭비했다는 증거가 되는 어떤 학식을 증거로 보여줄 수 있어야 하는데, 고전은 이런 용도로 사용하기에 매우 유용하기 때문이다. 실제로 시간과 노력을 낭비했으며 이렇게 낭비하는 데 필요한 만큼 금력이 있음을 증명한다는 유용성 때문에 고전이 고등학문 체계에서 특권이 있는 자리를 보장받고 모든 학문 중 가장 명예로운 것으로 취급받는다는 데는 의심할 여지가 거의 없다. 고전은 유한계급 학문의 꼭대기를 장식하기에 다른 어떤 지식 분야보다 나으며, 따라서 평판을 높일 수 있는 효과적인 방법이다.

이런 측면에서 고전은 최근까지 경쟁자가 거의 없었다. 여전히 유럽 대륙에서는 위협적인 경쟁자가 없지만, 최근 대학 운동경기는 학문적 성취를 얻을 수 있는 인정받는 분야가 되었다. 운동경기를 자유롭게 학문으로 분류할 수 있다면, 운동경기는 미국과 영국 학교의 유한계급 교육에서 고전과 함께 최고의 자리를 다투는 경쟁자가 되었다.

유한계급의 학습 목표를 이루는 데는 운동경기가 고전보다 명백히 유리한데, 운동선수로서 성공한 사람은 시간을 낭비했을 뿐 아니라 돈도 낭비했으며, 성격과 기질 면에서 생산 활동과는 극히 관계없는 특정 고대 성질을 지니고 있다고 추정할 수 있기 때문이다. 독일 여러 대학에서는 유한계급 학술활동의 일환으로서 운동경기나 그리스 문자를 딴 이름의 학술 및 사교 모임Greek-letter fraternities을 벌일 때면 솜씨 좋게 단계별로 술에 취하거나 형식적으로 결투를 벌이는 일도 다소 있었다.

유한계급과 이 계급의 미덕 기준인 고어체와 낭비는 고전을 고등학문체계에 소개하는 데는 거의 관여하지 않았을 수도 있지만, 고등교육기관이 고전을 집요하게 보유하고, 고전에 여전히 뛰어난 명성이 따라붙는 이유는 고전이 고어체와 낭비라는 조건에 잘 부합하기 때문이다.

'고전'은 사어를 가리키든 살아있는 언어의 낡거나 구시대적인 사고습관 및 표현법을 나타내든, 또는 고전이 부적절하게 적용된 여타 학문 연구나 학문 기관을 지칭하든, 늘 낭비와 고어체라는 개념을 함축한다. 따라서 영어에서는 고대 관용구를 '고전' 영어라고 부른다. 진지한 주제에 관해 말하고 글을 쓸 때는 꼭 고전 영어를 사용해야 하며, 고전 영어를 능수능란하게 구사하면 아주 흔하고 사소한 대화조차 위엄이 생긴다. 물론 가장 최근에 생긴 영어 표현은 절대 글로 쓰지 않는데, 대화에 고문체를 사용해야 한다는 유한계급의 예절 관념은 가장 교양 없거나 선정적인 작가에게서 조차 나타나며, 이런 일탈을 막기 충분한 영향력을 발휘한다. 반면 가장 격조 있고 전통적인 고문체 어법 형식은 의인화된 신이 자신의 숭배자와 대화할 때만 본연의 특성에 맞게 제대로 사용된다. 유한계급이 말과 글에서 일상적으로 사용하는 어투는 이 두 극단 사이에 있다.

글에서든 말에서든 우아한 표현은 좋은 평판을 얻기 위한 효과적인 수단이다. 어떤 주제에 관해 이야기할 때 관습적으로 정확히 얼마나 고문체를 사용해야 할지 아는 것은 중요하다. 설교단과 장터에서 사용하는 어법은 눈에 띄게 다른데, 예상했겠지만 후자에서는 엄격한 사람조차 상대적으로 새롭고 실용적인 단어와 표현 방식을 사용할 수 있다. 신조어를 차별적으로 회피하는 일이 명예로운 이유는, 사라져가는 화법을 익히기 위해 시간을 낭비했을 뿐 아니라, 화자가 아기 때부터 구식 관용구에 익숙한 사람들과 습관적으로 어울렸다는 것을 보여주기 때문이다. 이를 통해 조상도 유한계급이었음이 드러나는 것이다. 아주 순수한 어투를 사용한다는 것은 수 세대 동안 천하고 유용한 직업에 종사하지 않았음을 증명하는 증거가 되지만, 이 증거는 전적으로 결정적인 것은 아니다.

    쓸모없는 고전주의를 아주 잘 보여주는 예로 동아시아 지역 밖에서 쉽게 발견할 수 있는 것은 전통적인 영어 철자법이다. 적절한 철자법을 위반하는 것은 극도로 골치 아픈 일이며, 이때 작가는 진실하고 아름다운 것을 판단할 줄 아는 감각이 발달한 모든 사람 앞에서 불명예를 당할 것이다. 영어 철자법은 과시적 낭비 법칙하에서 평판 규범이 요구하는 모든 조건을 충족시킨다. 구식이고, 번거롭고, 비효율적일 뿐 아니라 숙달하는 데 시간과 노력을 들여야 하고, 습득하지 못하면 그 사실을 쉽게 들킨다. 따라서 철자법은 학문적 명성을 가장 먼저 쉽게 시험하는 방법이며, 떳떳하게 학문을 연구하며 생활하려면 이 의례에 순응해야 한다.

전통적인 관습이 고어체 및 낭비 규범에 의존하는 여타 주제에서와 마찬가지로, 관습을 대변하는 사람은 순수한 어투라는 이 표제 하에서 본능적으로 돌려 말하는 듯한 태도를 보인다. 고대에 승인받은 말투를 꼼꼼하게 사용하면 최신 구어체 영어를 직설적으로 사용할 때보다 생각을 더 충분하고 정확하게 전달할 수 있을 것이라는 주장도 있지만, 현대 비속어는 현대 생각을 효과적으로 표현하기로 악명이 높다. 고전적인 화법은 품위라는 명예로운 미덕을 지니고 있으며, 유한계급의 생활방식 아래에서 인증받은 소통방법으로서 관심과 존경을 받는데, 화자가 생산 활동을 면제받았음을 시사하기 때문이다. 승인받은 말투의 장점은 평판이 좋다는 데 있으며, 이 말투가 평판이 좋은 이유는 거추장스럽고 구식이어서 시간을 낭비했다는 것을 보여줄 뿐 아니라, 직설적이고 강압적인 어투를 사용하지 않고 그럴 필요도 없다는 것을 입증하기 때문이다.

과시적 소비
Conspicuous Consumption

초판 1쇄 발행일 2019년 1월 14일
1판 1쇄 발행일 2019년 1월 18일

발행처 유엑스리뷰
발행인 현명기
지은이 소스타인 베블런
옮긴이 소슬기
기 획 범어디자인연구소
마케팅 이영옥
주 소 부산광역시 수영구 광남로 160-1 두원빌딩 2층 [48284]
팩 스 070.8224.4322
메 일 uxreviewkorea@gmail.com

Copyright ⓒ 2018 by UX Review, Republic of Korea
본서의 무단전재 또는 복제행위는 저작권법 제136조에 의하여 5년 이하의 징역 또는 5천만 원 이하의 벌금에 처하게 됩니다.

낙장 및 파본은 구매처에서 교환하여 드립니다. 구입 철회는 구매처 규정에 따라 교환 및 환불처리가 됩니다.

ISBN 979-11-88314-09-6